Angell • Day Trading im Visier

Infos zum Thema:
www.daytrading.de

George Angell

Day Trading
im Visier

FinanzBuch Verlag München

Die Deutsche Bibliothek – CIP-Einheitsaufnahme
Ein Titeldatensatz für diese Publikation ist bei Der
Deutschen Bibliothek erhältlich

Aus dem Amerikanischen von Arnold Oberndorfer

Gesamtbearbeitung: Michael Volk, München
Druck: Jos. C. Huber, Dießen/Ammersee
Umschlaggestaltung: Julia Grunow

© 1999 by FinanzBuch Verlag GmbH München
Landshuter Allee 61 • 80637 München
Tel.: 089/651285-0 • Fax: 089/65 20 96
eMail: angell@finanzverlag.com

ISBN 3-932114-28-0

Für mehr Bücher: www.finanzverlag.com

Übersicht

Vorwort

Day Trading! Welch beinahe mystisch klingendes Wort. Seit ich mit der Börse befasst bin, sind die Day Trader diejenigen in diesem Geschäft, denen der größte Respekt gebührt. Die Götter der Börsenwelt! Waren Sie schon einmal auf einem Parkett der großen Chicagoer Terminbörsen? Falls nicht, und Sie haben einmal die Möglichkeit dazu, lassen Sie es sich nicht entgehen. Sie werden ein Chaos erleben, das zunächst nichts weiter darstellt, als eine Horde von aggressiven, schreienden, wild gestikulierenden und transpirierenden Menschen. Es ist nicht zu fassen, dass hier der Kapitalismus in Reinkultur gelebt wird. Dass diese Menschen, die keinen Sinn dafür haben, wie man Krawatten richtig bindet, die wirken wie ein in Unordnung geratener Ameisenhaufen, tatsächlich verantwortlich sind für die Kursfindung der Marktpreise, deren Auswirkungen jedes Wertpapier auf der ganzen Welt beeinflussen.

Heute haben sich die Zeiten geändert. Um ein Day Trader zu sein, muss man nicht in Chicago oder in New York leben. Die Technik macht es möglich. Der Fortschritt in den Kommunikationstechniken kann jeden, der es möchte, zum Day Trader machen. Grundsätzlich genügt ein Computer mit einem Internetanschluss und jeder kann an diesem Spiel der Spiele teilnehmen. Welch herrliche Welt! Was früher nur den Göttern vorbehalten war, kann nun jeder.

Aber erwächst daraus nicht auch ein Problem? Ist es nicht so, dass eine Unzahl schlecht ausgebildeter, unterkapitalisierter und unerfahrener Freizeitspekulanten plötzlich in die Lage versetzt wird, in der Königsklasse der Spekulation ein Rädchen zu drehen? Ganz sicher ja! Und genau darum ist es für jeden, der am Day Trading teilhaben will, von eminenter Wichtigkeit, zunächst einmal die Hausaufgaben zu machen.

Zugegeben, Day Trading hat unbestritten seinen Reiz, aber als Anleger sollte man sich bewusst sein, dass man sich hier den heißesten Teilbereich der Spekulation ausgesucht hat. Und der birgt neben den Gewinnmöglichkeiten nun einmal auch seine Gefahren.

Nehmen Sie an, Sie bekommen einen Gutschein für eine Fahrt in einem Formel-1-Wagen geschenkt: Würden Sie sofort Vollgas geben? Nein, sicherlich nicht. Denn instinktiv ist Ihnen bewusst, dass dies ein neues und gefährliches Metier ist. Sie werden sich erst an die Grenzen herantasten. Sie werden lernen, die Besonderheiten dieser Boliden zu akzeptieren. Erst nach viel Übung können Sie den Wagen schnell und dennoch sicher bewegen.

Beim DayTrading ist es nicht anders. Day Trading ist sozusagen die Formel 1 der Spekulationsmöglich-

keiten. Aber die Vernunft, hier genau so vorsichtig vorzu-
gehen, fehlt vielen. Hier ist einfach der Reiz zu groß, die
Gewinnaussichten sind zu vielversprechend. Und so
begibt sich manch einer auf ein Terrain, dem er (noch)
nicht gewachsen ist. Wer Day Trading betreiben möchte,
der muss sich bewusst sein, dass es sich hier nicht um
ein Spiel, sondern um ein sehr ernsthaftes und aufwendi-
ges Geschäft handelt. Gewinne im Vorübergehen mitzu-
nehmen sind Glückssache und in der Regel nicht von
Dauer. Harte Arbeit und konsequentes Herangehen an
die Sache sind unabdingbar.

Und hier ist der Punkt, an dem sich Gewinner und
Verlierer auf lange Sicht unterscheiden werden. Gewinner betrachten Day Trading nicht als Spiel, sondern als
Geschäft. Ihnen ist bewusst, dass ein Vermögen nicht im
Vorbeigehen erschaffen werden kann, sondern hart erarbeitet werden muss. Dazu gehört, wie bei jedem Geschäft, ein grundsolides Einarbeiten in die Vorgänge. Wer
dagegen denkt, er könne mit wenig Aufwand, vielleicht
dem Besuch eines kleinen Seminars, die Profis am Markt
austricksen, der ist von vornherein zum Scheitern verurteilt. Es gehört wesentlich mehr dazu, um auf diesem
Feld der Spekulation langfristig erfolgreich zu sein und
zu den Gewinnern zu gehören.

Doch wie genau legt man den Grundstein zum
Erfolg beim Day Trading? Zunächst einmal muss man sich
bewusst machen, welche Risiken diesem Geschäft inne-
wohnen. Durch die geringen Margins beim Handel mit
Futures werden die ungeheuren Gewinne, von denen man
ab und zu hören kann, erst möglich. Doch die Gewinne
weniger Marktteilnehmer werden von den Verlusten vie-

ler bezahlt. Volkswirtschaftlich betrachtet (lassen wir einmal den Nutzen durch die Bereitstellung von Liquidität seitens der Spekulanten, die den Hedgern zugute kommt, außer Acht) ist das Trading von Futures ein Nullsummenspiel. Was der eine gewinnt, muss ein anderer verlieren. Praktisch betrachtet ist das Trading in Futures eine Wette auf die Veränderung des Underlying. Das gilt im Prinzip beim Aktienhandel ähnlich. Es gibt jedoch einen kleinen Unterschied: Während eine Aktie nur bis Null fallen kann, ist es beim Futureshandel durchaus möglich, mehr zu verlieren. In Zeiten hoher Volatilität, wenn die Märkte sich heftig auf und ab bewegen, kann es passieren, dass die Margin aufgebraucht ist, bevor man reagieren kann. Dann ist das Spiel aber nicht vorbei. Sie müssen nachschießen. Während man im Spielkasino nicht mehr setzen kann, als man besitzt, ist dies beim Trading möglich.

Ich möchte Ihnen hier keine Horrorgeschichte erzählen und Ihnen nicht Ihre guten Vorsätze rauben, sondern nur das Risiko herausarbeiten, das auf diesem Feld latent vorhanden ist. Mein Rat lautet also: Befassen Sie sich mit dem Risiko. Zum Risiko gehören einige Parameter, die Sie bei Ihren Betrachtungen mit einbeziehen müssen. Der erste Punkt ist Ihr zur Verfügung stehendes Kapital. Wieviel Kapital sind Sie bereit, für das Day Trading einzusetzen? Diese Frage korreliert eng mit dem Futures-Kontrakt, den Sie handeln wollen. Abhängig ist dies von der Kontraktgröße des Future und der zu hinterlegenden Margin. Um beispielseise den Dax-Future zu handeln, sollten Sie finanziell wesentlich besser ausgestattet sein, als wenn Sie den Bund-Future traden wollen. Der nächste Punkt, der im Zusammenhang mit der Kapitalausstattung steht, ist das Risiko, das im jeweiligen Trade steckt. Was bedeutet das? Sie gehen einen Trade ein. Nun entwickelt sich der Trade nicht nach Ihren Vorstellungen (das soll ja vorkommen). Wie weit sind Sie bereit, die Positionen gegen sich gehen zu lassen? 10 Punkte im Dax-Future entsprechen 250 Euro. Wenn der Markt also 10 Punkte gegen Sie geht, fehlen Ihnen 250 Euro auf Ihrem Marginkonto. Wie oft kann der Markt nun gegen Sie gehen, ohne dass Sie Ihr Spielkapital aufgebraucht haben? Glauben Sie mir, aus eigener Erfahrung kann ich Ihnen sagen, Sie werden Verluste machen, keiner tradet ohne Verluste. Wichtig ist aber, dass man nach jedem Verlust genügend Kapital übrig hat, um einen weiteren Trade zu machen. Hier haben Sie den Kernsatz des Trading: Achten Sie auf Ihr Kapital.

Eine weitere Hauptrolle spielt die Psychologie. Day Trading wird Ihre Nerven belasten. Sie werden nicht cool am Rechner sitzen und die Gewinne zusammenzählen. Sie werden nervös sein, Sie werden unter Strom stehen, an sich zweifeln, verzweifeln. Sie werden keine Zeit haben, um ein gutes Mittagessen einzunehmen, Sie werden während der Handelszeiten jedes Klingeln des Telefons verfluchen. Ihre Emotionen werden hochkochen, manchmal werden Sie den Markt oft hassen, und ihn nur selten lieben. All diese Dinge sollten Ihnen bewusst sein, bevor Sie mit dem Trading beginnen. Glauben Sie mir, ich weiß, wovon ich spreche.

Nach diesen Worten sollten Sie sich nun des Risikos bewusst sein, das dem Day Trading innewohnt. Sollten Sie nun immer noch mutig genug sein, sich auf das Spiel einzulassen, finden Sie hier die Tips, die Ihnen zwar keine Garantie für Erfolg geben, aber immerhin das Risiko auf Misserfolg etwas minimieren.

Machen Sie sich zunächst Gedanken über Ihre technische Ausstattung. Mit einem Telefon und Videotext ist nichts erreicht. Sie brauchen einen Computer, ein Online-System und ein Analyseprogramm, das die Tickdaten verarbeiten kann. Alles in allem können Sie damit rechnen, dass Sie in die Nähe fünfstelliger Beträge geraten. Dann brauchen Sie eine Broker-Verbindung oder besser noch, ein Orderrouting-System. Hier haben Sie Ihre Anfangskosten. Bei diesem Punkt sollten Sie sich dann auch Gedanken über die Spesen machen. Sollten Sie einen Broker finden, der Ihnen eine Dax-Future für 30,- DM handelt, sind Sie recht gut bedient. Hinzu kommen Telefonkosten und die Gebühren für das Online-System. Zählen Sie diese Posten zusammen, so haben Sie Ihre laufenden monatlichen Kosten. Machen Sie pro Tag beispielsweise fünf Trades, zahlen Sie im Monat 300,- DM für Telefon und 700,- DM für die Daten, so landen Sie bei einem Aufwand von 4.000,- DM. Hinzu kommen natürlich noch Ihre Kosten für Zeitschriften, Bücher und das eine oder andere Seminar oder Programm. Soviel müssen Sie also pro Monat mindestens Plus machen, um überhaupt Break Even zu erreichen. Verdient haben Sie dann allerdings noch nichts.

Sie sind immer noch interessiert? Gut, denn Gewinner lassen sich nicht so einfach abschrecken. Sie berechnen also Ihre monatlichen Kosten und können somit den ersten Schritt in Richtung Ihres Systems machen. Das System ist die Methode, mit der Sie im täglichen Handel Gewinne erzielen wollen. Machen Sie sich zunächst Gedanken um Ihre Ziele. Nehmen wir an, Ihr Ziel ist, pro Monat ein Plus von 6.000,- DM zu erreichen. Das heißt im Klartext, dass Ihre Tradinggewinne im Monat 10.000,- DM höher liegen müssen als Ihre Verluste. Auf Basis des Dax-Future heißt das also, dass Sie einen Profit von rund 200 Punkten machen müssen. Umgerechnet pro Tag sind das also ungefähr 10 Punkte, die Ihrem Konto gutgeschrieben werden sollten. Das sollte machbar sein. Aber so einfach, wie es sich anhört, ist es beileibe nicht. Nehmen wir an, Sie haben ein System, das zu 50% der Zeit profitabel arbeitet. Das heißt, im Durchschnitt ist jeder zweite Trade profitabel. Sie müssen 200 Punkte pro Monat machen, um Ihr Mindestziel zu erreichen. Dies bedeutet, dass die Profite bei Ihren Trades wesentlich über den Verlusten liegen müssen.

Sie wissen nun also, was Ihre Methode leisten muss, damit Sie profitabel arbeiten können. Und nun können Sie sich daran machen, Ihre Systeme zu erarbeiten. Jedes System hat Regeln, egal ob automatische Handelssignale generiert werden oder die Ein- und Ausstiegszeitpunkte diskretionär erarbeitet werden. Denken Sie über diese Regeln nach. Stellen Sie vor allem sicher, dass diese Regeln zu Ihrer Mentalität passen. Wollen Sie eher Trends innerhalb eines Tages reiten, oder traden Sie lieber von Wendepunkt zu Wendepunkt? Haben Sie diese Frage beantwortet und sich ein System erarbeitet, das zu Ihnen passt, müssen Sie über weitere Regeln nachdenken.

Ein essentieller Punkte hierbei sind die Regeln für das Money Management. Dieses ist sozusagen die Lehre von der Höhe des Kapitaleinsatzes. Zum einen müssen Sie diesen aufgrund Ihres zur Verfügung stehenden

Kapitaleinsatzes festlegen. Das habe ich bereits weiter oben beschrieben. Money Management hat aber noch einen ganz anderen Aspekt. Wenn Sie Ihr System einmal kennen und längere Zeit gehandelt haben, werden Sie feststellen, dass Gewinn- und Verlust-Trades nicht im Wechsel auftreten, sondern in Trends. Sie werden Glückssträhnen haben, Sie werden Pechsträhnen haben. Das Wissen um diese Strähnen kann Ihnen helfen, Ihre Performance zu verbessern. Hier ein einfaches Beispiel: Sie stellen fest, dass Sie in der Regel vier Gewinn-Trades haben, denen fünf Verlust-Trades folgen. Somit macht es Sinn, in einer Glückssträhne den Einsatz zu erhöhen, während er in den Verlust-Trades reduziert werden sollte. Mit einem entsprechenden Money Management können sogar solche Systeme profitabel werden, die beim Handel von jeweils nur einem Kontrakt Verluste einbringen werden. Unterschätzen Sie diesen Aspekt nicht. Er kann den Unterschied zwischen Erfolg und Misserfolg ausmachen.

Und schließlich sind Sie selbst der Faktor für Ihren Erfolg. Ihre Einstellung, Ihr Engagement, Ihre Disziplin werden Sie zum Gewinner machen. Es liegt in Ihren Händen. Nicht der Markt ist für Sieg oder Niederlage verantwortlich, sondern einzig Sie selbst.

Day Trading ist die Königsdisziplin der Spekulation. Wenn Sie alle oben genannten Punkte berücksichtigen, haben Sie die Chance, erfolgreich zu sein. Ich kann Ihnen an dieser Stelle nur den Ratschlag geben, nehmen Sie das Day Trading nicht auf die leichte Schulter. Es ist harte Arbeit. Sie müssen lernen, lernen, lernen. Sie müssen lesen, lesen, lesen und denken, denken, denken. Lesen Sie alles, was Ihnen dazu in die Finger fällt. Sortieren Sie aus, was nicht zu Ihnen passt. Und filtern Sie den Rest, ob die Anwendung für Sie Sinn macht. Erstellen Sie Regeln, an die Sie sich halten. Führen Sie ein Tagebuch über Ihre Trades. Schreiben Sie in dieses Tagebuch nicht nur Kauf- und Verkaufspreis, sondern auch, warum Sie den Trade eingegangen sind. Analysieren Sie jeden Trade. Wo lagen die Gründe für Erfolg oder Misserfolg. Ergründen Sie die Umstände, warum Sie gewonnen oder verloren haben. Und lernen Sie daraus.

Das vorliegende Buch kann Ihnen dabei eine erstklassige Hilfestellung geben. George Angell ist ein Praktiker. Man merkt, dass er den Markt versteht. Versuchen Sie, es ihm gleich zu tun.

Lothar Albert
Chefredakteur
Eberts Terminmarkt Magazin

EINFÜHRUNG

W. D. Gann, der legendäre Marktprophet, erkannte es richtig: die zwei Schlüsselbestandteile, um Märkte zu verstehen, sind Zeit und Preis. Unglücklicherweise war das – wie fast alles, worüber Gann schrieb – schwer verständlich. Wenn sie aber Zeit und Preis verstehen, können sie die Reichtümer der Märkte ernten. Alle Schlüsselantworten, die Sie reich machen können, sind mit Zeit und Preis verbunden.

Ich bin nur langsam zu diesem Schluss gekommen – nach mehr als zwanzig Jahren Suche an immer falschen Plätzen. Sodass ich, nachdem ich all die Jahre nach diesem schwer erfassbaren „Heiligen Gral" ohne Erfolg gesucht habe, heute erkennen musste, dass die Antwort die ganze Zeit wie eine Offenbarung genau vor mir lag. Tatsache ist, dass die Schlacht um Day-Trading-Profite viel leichter wird, sobald Sie aufhören, mit dem Kopf durch die Wand zu wollen. Der Markt kann nicht gezwungen werden. Nicht mehr, als Sie gegen den reißenden Strom aufwärts schwimmen können. Das Wissen um Zeit und Preis erlaubt ihnen, den Markt in die einzige Richtung, in die er geritten werden kann, zu reiten – nämlich abwärts, mit dem Trend. Das sollte offensichtlich sein. Aber Sie würden überrascht sein, wie häufig der Möchtegern-Erfolgreiche-Trader versucht, etwas im Markt geschehen zu lassen.

Lernen, sich dem Markt auszuliefern

Ich bin überzeugt, je intensiver Sie versuchen, den Markt zu verstehen, desto schlimmer wird es. Der Versuch ist nicht die Lösung. Das Verstehen der vorherrschenden Kräfte wird sie von Beginn bis zum Schluss in eine gute Ausgangsposition versetzen.

Warum weiß ich das? Abgesehen von meiner persönlichen Erfahrung – den Versuchen, mich von den unvermeidbaren Rückschlägen zu befreien – habe ich ein tatsächliches Standardmuster unter unzähligen Neulingen im Trading gesehen, die es mit den besten Vorsätzen ausgerüstet schaffen, die selben Fehler immer und immer wieder zu begehen. So alltäglich sind diese Fehler, dass ich vermute, dass sie tief im menschlichen Wesen verwurzelt sind. Warum sonst wären sie so weit verbreitet?

Sie kennen das Sprichwort, dass sich jeder Händler auf einen schmalen Weg zwischen Angst und Gier bewegt. Und das von der Wichtigkeit, von keinem der beiden gefangen zu sein. Außerdem ist so gut wie niemand frei von Angst oder Gier. Wann haben Sie jemals einen Trader sagen hören, „Weißt du, ich bin ein sehr ängstlicher Händler" oder andererseits, „Ich bin ein gieriger Händler".

18

Sie hören solche Aussagen nicht. Immer noch besteht erfolgreiches Trading zu einem Drittel aus einem profitablen System und zu zwei Dritteln aus mentaler Stärke. Wir sind alle gierig und wir sind alle ängstlich. Und wenn wir hoch gehebelte Futures-Kontrakte oder größere Aktienpakete handeln, treten diese allzu menschlichen Emotionen auf, egal ob wir sie kennen oder nicht.

Psychologische Kriegführung

Zwei Drittel erfolgreichen Futures-Trading besteht in der Auseinandersetzung „Sie gegen Sie". Ohne Zweifel gibt es wichtige Dinge, die Sie diesbezüglich lernen können. In dieser kurzen Diskussion über Day Trading plane ich solche grundlegenden Themen zu bearbeiten wie...

...Kursprojektion und wie Sie sagen können, wann eine Bewegung vorüber ist,

...die Wichtigkeit des Aufgeldes im S&P Trading,

...den richtigen Zeitpunkt während des Handelstages, um in den Markt einzusteigen,

...Basis- und Sekundärindikatoren und

...in bedeutendem Maße – wie die Wahrscheinlich keit für einen Gewinntrade gesteigert wird,

Gestehen Sie mir zu, dass das wichtige Themen sind, die es zu meistern gilt. Aber ich will auch die Wichtigkeit des psychologischen Aspektes beim Trading betonen. Daher heißt es in dieser Arena, dass Sie, der Möchtegern-Gewinntrader, sich auszeichnen müssen oder an dieser Herausforderung scheitern.

Zuerst, akzeptieren Sie, wer Sie sind: ein Mensch. Sie werden nicht ihre Emotionen aus dem Trading eliminieren, ganz egal, welchen Handelsansatz Sie verwenden.

Ich werde an den Möchtegern-Trader erinnert, der auszog, um das Gesetz der menschlichen Emotion mit guter Ausbildung und festem Willen zu widerlegen. Er studierte jedes Buch, nahm an jedem Kurs teil, besorgte sich jedes Softwarepacket – kurz gesagt, er ist der perfekte Student der Märkte. Er verfügte über Entschlossenheit. Er zeigte Begeisterung. Er wollte die negativen Einflüsse des Trading eliminieren, indem er ein profitables System handelte. Sie wissen, was geschah? Mit viel zu wenig Kapital ausgerüstet, nahmen die ersten Zeichen des Unglücks ihren Lauf – nämlich Tradingverluste. Ein Zeichen, dass das Gewinnsystem fehlerhaft war – er fand jemand anderes, der ihm einen noch einfacheren Weg zum Reichtum versprach. Und er fing von neuem an, alles zu lernen. Das entspricht dem Versuch, entgegen der Strömung zu schwimmen. Erinnern Sie sich an das: Es gibt immer einen leichten Weg – einfach, plausibel und falsch!

Nachdem ich das nun angebracht habe, bin ich überzeugt, dass jeder seine Lernkurve ausreichend beschleunigen kann, um sicher zu stellen, dass er immer noch finanziell solvent ist, wenn die Gewinnchance kommt. Aber die erste Regel für erfolgreiches Handeln lautet finanzielles Überleben. Das muss ihr allererstes Ziel sein. Sobald Sie lernen, Ihre leichtsinnigen Fehler hinten anzustellen – am „Leben" zu bleiben in der „Schlacht" – werden Sie darauf vorbereitet sein, beständig Gewinne zu erzielen und für den Weg zu einem professionellen Futures-Trader gerüstet zu sein.

Wenn Sie diesen Ansatz verwenden, werden Sie lernen, realistische Ziele zu entwickeln. Glauben Sie es oder nicht, viel Geld zu machen, sollte nicht Ihr vorrangigstes Ziel sein, wenn Sie anfangen zu handeln. Ihr erstes Ziel sollte sein, nach sechs Monaten mit Day Trading Break Even abzuschließen – halten Sie ihr Konto ausgeglichen. Es gibt ein Sprichwort am Parkett, das besagt, wenn Sie in den ersten sechs Monaten Break Even sind, können Sie dazu aufbrechen, mehr Geld zu machen. Die Erfahrung, die Sie während dieser Zeit machen, werden sich als äußerst wertvoll herausstellen.

Vergleichen Sie das mit dem typischen Neuling, der plant, an jedem Trade Geld zu verdienen. Tatsache ist, dass jene Trader, die am meisten ertraden, auch am meisten verlieren. Und niemand, der in Futures spekuliert, macht jeden Tag Geld. Sicherlich verdienen Broker und Börsenbedienstete jeden Tag, nicht aber die Spekulanten, die jeden Tag aktiv ihr Geld in den Märkten riskieren.

Es ist nicht lange her, dass ich mit einem Klienten zusammen saß, der überrascht davon war, dass ich mich immer wieder darauf vorbereite, sofort auszusteigen, sobald sich der Trade als unprofitabel erweist.

„Sie nehmen eine defensive Haltung ein, nicht war?", sagte er. „Natürlich," antwortete ich. „Das ist der einzige Weg zu handeln."

Nicht darauf vorbereitet zu sein, mit dem involvierten Risiko umgehen zu können, kann sich im Markt als gefährlich erweisen. Und das Risiko wird nicht geringer, nur weil Sie viel Erfahrung mitbringen. Erfahrung erlaubt Ihnen lediglich, rasch auf jene Situationen zu reagieren, in denen der Neuling zunächst noch versucht, sich eine Meinung zu bilden. Das ist kein geringer Vorteil. Rasch zu handeln, kann ihnen viele tausend Dollar sparen.

Wenn Sie im Markt beginnen wollen, dann müssen Sie die Wichtigkeit von vielen Klischees, die gemäß Definition wahr sind, verstehen. Aber Sie müssen auch die paradoxe Natur des Marktes verstehen. Zum Beispiel handelt es sich bei einem „sicheren" Ansatz nicht immer um einen „sensiblen". Gehen wir zu einer einfachen Illustration der Verwendung von Stops über. Ich verwende keine Stops – aus Gründen, die ich in Kürze erklären werde. Aber ich beachte die Regel, „halten Sie die Verluste gering und lassen Sie Gewinne laufen". Ein Klischee, richtig? Ich kann Ihnen nicht sagen, wie oft mir von Kollegen gesagt wurde, „Ich kann mir nicht leisten, ohne Stops zu handeln". Gut, angesichts dessen klingt es vernünftig. Aber in der Praxis ist das, wie mit dem roten Tuch vor einem Stier zu schwenken, obwohl Sie mit dem Rücken zur Wand stehen. Sie haben keine Chance, sich zu bewegen, und der Stier hat einen sicheren Stoß gegen Sie. Erinnern Sie sich, dass diese Strategie mit den besten Absichten eingesetzt wird. Und es klingt logisch. Wenn Sie kleine Verluste nicht akzeptieren, sind Sie vielleicht gezwungen, große zu erleiden – richtig. Aber in neun von zehn Fällen ist es ein großer Fehler, Stop-Loss-Aufträge einzusetzen.

Tatsache ist, dass ich es mir nicht leisten kann, mit Stops zu arbeiten. Die Wahrscheinlichkeit, dass ich in einer wilden, konstruierten, stopauslösenden Bewegung durch scharfsinnige Trader aus dem Markt geworfen werde, ist so hoch, dass mein Kapital dieses Risiko nicht aushalten kann. In diesem Fall ist der sogenannte „sichere" Ansatz die wahre Risikostrategie. Das ist aber nur ein Beispiel, für sich ein Verständnis zu bilden, wie Märkte funktionieren.

Das Paradoxe ist das: Der, der das Risiko anerkennt, wird Erfolg haben. Der, der sich vor dem Risiko fürchtet, wird viel leichter zu den Verlierern gehören. Das kann leicht bei Anfängern im Trading beobachtet werden, die Gewinn und Verlust im Markt mit jedem Tick berechnen. Ein Tick sind 25 Dollar, zwei Ticks 50 Dollar, drei bedeuten 75 Dollar. Sie bekommen eine Vorstellung. Er denkt über das Geld nach. Wenn seine Schmerzgrenze erreicht wird, wird er sicherlich in Panik geraten und genau im absolut falschen Moment aussteigen. Ich gebe diesen Ratschlag nicht leichtfertig; Ich weiß, wie schwer es ist, nicht über das Geld nachzudenken. Aber nur ein bisschen Marktverständnis ermöglicht es Ihnen, trotz der unvermeidlichen Rückschläge den Kopf zu behalten, und hilft Ihnen sogar, zu bestehen, wenn andere in Panik geraten. Immerhin ist der in Panik geratene Trader am meisten dazu bereit, sein Geld den wissenden Gewinnern zu übergeben. Ich habe nie jemanden gesehen, der mit einem Gewehr einen anderen gezwungen hätte, einen Trade einzugehen. Wir sind unsere eigenen schlimmsten Feinde, wenn es dazu kommt, dass wir dumme Handelsentscheidungen treffen. Häufig wird unser Verhalten von Ignoranz und Angst geleitet.

Mythen im Überfluss

Es existieren viele, viele Mythen über den Markt. Weil der Markt aber für diejenigen, die ihn verstehen, so enorm gewinnbringend ist, möchten Sie natürlich die aktuelle Situation gerne weiterbestehen sehen. Die menschliche Natur ist, wie sie ist. Die Informierten werden sich weiterhin Geld von den weniger Wissenden holen. Das ist der Grund, warum es so wichtig ist, die Vorgänge zu verstehen.

Wir wissen von aktuellen Ereignissen, dass Marktignoranz weit verbreitet ist. Betrachten Sie beispielsweise das Debakel institutioneller Anleger im Februar und März 1994, als die Bonds und der Aktienmarkt einbrachen, und Firmen, die auf „Derivate" (Futures, Optionen, und ähnliches) spezialisiert sind, bankrott gingen. Wie konnte das passieren? Das war ein Aufschrei, nachdem viele Millionen in den sogenannten „Hedgefonds" verloren wurden. Die „sicheren" Investments stellten sich für jene „Ratgeber", die den Markt nicht verstehen, als katastrophal heraus. Die wahren Verlierer waren natürlich jene Menschen, die entweder in die firmeneigenen Pensionsfonds einzahlten oder andernfalls „Experten" vertrauten, die die „richtigen" Entscheidungen für sie trafen. Millionen von Dollar unter dem Kommando eines anderen in dieser Situation zu lassen ist grob fahrlässig. Der unvermeidliche Zusammenbruch war sowohl vorhersehbar als auch vermeidbar.

Der Punkt ist, wenn es anderen passieren kann, kann es Ihnen auch passieren. Eine meiner Lieblingsaussagen kommt von einem S&P Parketthändler, der spöttelte: "Ich betreibe keine Gehirnchirugie am Wochenende. Warum glauben diese Jungs, Sie könnten Market Maker während der Woche sein?"

Es gibt das inverse Gesetz von Grund und Ursache. Die Wahrscheinlichkeit von Gewinnen ist direkt proportional zur Schwierigkeit des Trades. In anderen Worten, wenn etwas aussieht, wie eine sichere Sache – dann haben Sie Vorsicht! Aus einigen Gründen erweisen sich die schwierigen Trades, die beinahe unmöglich einzugehen waren, letztendlich als die erfolgreichsten; Wenn Sie sich andererseits der Gewinne sicher sind, liegen Sie fast immer falsch.

Das Gleiche gilt für die Ausführung: eine gute Ausführung zeigt auf, dass Sie sich auf der falschen Seite des Marktes befinden. (Erinnern Sie sich, niemand an der Börse verschenkt Geld). Eine schlechte Auftragsausführung legt nahe, dass Sie die richtige Seite des Marktes gefunden haben.

Aus Erfahrung weiß ich, dass Menschen „Antworten" wollen – einfache Antworten. Aber manchmal wird verlangt, ein Stück Risiko mit einzubeziehen und ein Stück weit auf Sicherheit zu verzichten. Es ist das Verlangen nach Sicherheit, dass Sie zum Warten zwingt – so lange zu warten, bis Sie 100 Prozent Klarheit haben. Und das ist leider der gefährlichste Zeitpunkt, um in den Markt einzusteigen.

Nahezu ständig verschwinden in dem Moment, in dem die Bedingungen für die Marktbewegung bekannt sind, gute Möglichkeiten. Davon kommt das Sprichwort,

„bei Gerüchten kaufen, bei Fakten verkaufen". Damit Sie
als Day Trader überleben, müssen Sie also lernen, die
Signale zu "lesen", die nicht so offensichtlich sind.

Die nachfolgenden Ideen werden sich daher auf
die weniger offensichtlichen Merkmale bevorstehender
Gelegenheiten konzentrieren – auf diejenigen, die von
der Mehrheit der Händler übersehen werden, da sie
meistens nur nach den offensichtlichen suchen.

Finden der versteckten Anhaltspunkte

Wir müssen mit der Definition eines Paradox beginnen. Ein offensichtlicher Widerspruch, der aber nichtsdestotrotz irgendwie wahr ist. Erinnern Sie sich an folgende Ausführung, wenn Sie das Studium des Marktes beginnen: Die „falschen" Bewegungen, die irreführenden, scheinbar zufälligen Ereignisse, die einen wahren Trend einleiten, treten häufig auf und sind oft verwirrend.

Das Wissen über „paradoxe Ereignisse"

Zum ersten Mal begegnete ich dem Begriff des „paradoxen Ereignisses", als ich die Schriften von George Douglas Taylor studierte, der bekannte Autor von „Book Method", auf das ich später meine LSS 3-Tage-Zyklen-Methode gründete. Einfach ausgedrückt behauptete Taylor, dass der Markt von innen „konstruiert" war: Genauer, dass die wahren Kräfte der Märkte in typischen Marktschlachten Verkäufe erzeugen, um für ihr eigenes Konto zu einem günstigen Preis kaufen zu können. Am dritten Aufwärtstag (oder auf einer Intraday-Basis, einer dritten Rally nach oben) wurde der Markt „höher gehandelt", um für die Wissenden gute Verkaufsgelegenheiten zu schaffen.

Zu diesem Zeitpunkt weckte diese Idee aus den offensichtlichsten Gründen mein Interesse. Wenn ich die Muster der Märkte nicht rasch verstehen lernte, stand ich davor, kaputt zu gehen. So müssen Sie sich meine Vorfreude vorstellen, als ich begann, den Markt zu beobachten, und als ich herausfand, wann dieses „paradoxe Ereignis" Tag für Tag stattfindet. Für jeden Trader des S&P 500 handelt es sich hier um eine äußerst aussagekräftige Information. Mehr noch, die „Konstruiertheit" erscheint wegen bestimmter Marktmuster der letzten Monate und Jahre mehr denn je klar ersichtlich.

Trotz der Hoffnung des Tradingneulings, er könnte auf irgendeine Weise die Professionellen zu Fehlern verleiten, besteht die Möglichkeit, dass das Gegenteil eintritt. Der Profi wird den Amateur austricksen. Demnach basiert der Markt auf der Vorstellung, dass die, die „Haben", von denen, die „Nicht-Haben", nehmen. Die mit dem Wissen, dem Geld und dem Mut werden im Allgemeinen an die Spitze vorstoßen. Daher besteht die einzige wahre Hoffnung darin, dass diejenigen von uns, die nicht so vom Glück begünstigt sind, den Willen haben, dieses Insiderspiel richtig zu spielen lernen. Und dieses Spiel basiert ganz gewiss auf der Verhüllung der tatsächlichen Absicht derjenigen, die die Krafthaben, den Markt zu bewegen.

Ich könnte viele Beispiele anführen, in denen der Markt seine perversen Tendenzen offenbart. Beobachten

Sie irgendeine Eröffnung, wenn sich der Kurs in einer typischen Art und Weise entgegen der Richtung des tatsächlichen Trends des Tages bewegt. Eröffnungen mit einer Kurslücke stellen zum Beispiel eine klassische Demonstration dar, wie ein Markt nach oben gehandelt wird, um später zu fallen.

Ein bizarrer Schlusskurs

Ich kann mich an ein Beispiel erinnern, als gerade vor wenigen Wochen eine feste Rally zum Handelsschluss auftrat. Zu diesem Zeitpunkt war ich gerade short und bald wurde klar, dass es sich hierbei um eine klassische Short-Squeeze (Rally, die die Shorts aus dem Markt wirft) handelt. Der Markt stieg beständig an. Unglückliche Shorts deckten zu höheren Kursen ein und strichen Verluste während dieses Vorgangs ein. Ich beobachtete meine steigenden Verluste. Dann musste ich eine Entscheidung treffen. Sollte ich den Verlust sofort einfahren (die „logische" Folgerung) oder sollte ich bis zum Schluss abwarten? Die Position über Nacht zu behalten stellte keine Alternative dar. Als Day Trader behalte ich eine Position niemals über Nacht, ungeachtet der Größe meines bevorstehenden Verlustes. Daher bestand mein Dilemma darin, entweder sofort rauszugehen (eine Gewissheit) oder bis zum Schluss daran festzuhalten, um mit einem MOC-Auftrag (Market-on-Close) auszusteigen.

Einiges sagte mir, dass die Rally ein bisschen zu perfekt war. Die Rally wurde zu offensichtlich. In der Tat war das eine Art von sicherer Sache, die neue Käufer sogar zehn oder fünfzehn Minuten vor Schluss in den Markt einsteigen ließ. Ich bekämpfte meine Panikgefühle. „Geh raus! Geh raus!", befahlen sie mir. Nur den Verlust begrenzen. Ich spürte zweifellos den Schmerz. Ich beschloss, bis zum Schluss zu warten.

So gab ich meinen MOC-Auftrag und wartete.

Erraten Sie, was geschah?

Genau. Der Markt brach in den Schlussminuten 100 Punkte ein und rettete mich vor einem wirklich schlimmen Tag. Meine Strategie, die nicht mehr als Intuition war, funktionierte. Das Offensichtliche entpuppte sich als falsch. Ich hatte ein paradoxes Ereignis beobachtet und verwendete die Information gewinnbringend.

Ich will nicht abstreiten, dass auch das Element Glück in diesem Trade involviert war. Aber irgendetwas erklärte mir, dass ich richtig lag.

Warum brach der Markt in den Schlussminuten 100 Punkte ein? Ich weiß es nicht. Wie auch immer, ich bin überzeugt, dass die überwiegende Mehrheit an Marktteilnehmern zum Schluss Geld verlor. Erinnern Sie sich, dass es für jeden Käufer einen Verkäufer im Markt geben muss, aber nicht zwingendermaßen auf einer Grundlage eins zu eins. Einige wenige Kluge verdienten einen unverhofften Gewinn; die meisten aber verloren.

Hier haben Sie ein weiteres Beispiel, dass „konventionelle Weisheit" sich als falsch erweist. Ich beobachtete den Markt gemeinsam mit einem Anfänger, als der Handelstag schon fortgeschritten war und der Markt tiefer und tiefer handelte, war er überzeugt, „ich würde diesen Markt hier kaufen" Es handelte sich um das Tief des Tages zu diesem Zeitpunkt und es sah aus, als ob er gerade abstürzen würde. Sofort stieg der Markt 200 Punkte gerade nach oben.

Wie erklären Sie sich solch perverse Weisheit? Anfängerglück?

Wenn ein krasser Anfänger eine feste Meinung hat, handelt es sich in der Regel um eine exzellente Gelegenheit, das Gegenteil zu tun.

Der Punkt ist, dass der Markt am Tief immer am bearishten und am Hoch immer am bullishten aussieht. Meinung und Hoffnung können Ihre todbringende Feinde in dem Markt sein.

Erinnern wir uns daran, dass wir bei einigen Marktereignissen, auf die wir treffen, „Zweifel ausschließen". Der Grund? Die offensichtlichsten Signale sind meistens falsch – und vice versa. Und erinnern Sie sich, dass es sich um ein sehr gutes Argument handelt, warum Sie niemals handeln sollten, wenn Sie das Geld „brauchen". Im Allgemeinen belohnt der Markt diejenigen, die das Geld nicht benötigen. Darum können sie nicht mit ängstlichem Geld gewinnen.

Die Logik hinter dem
paradoxen Ereignis verstehen

Obwohl ich eingestehen muss, mich nicht darum zu kümmern, warum bestimmte Ereignisse im Markt auftreten, ist es wichtig, die Mechanik, die hinter einer Marktpanik steht, zu verstehen. Ich verwende das Wort „Panik" hier, um jeden Markt zu beschreiben, der sich nicht in einem relativen Gleichgewicht zwischen Käufer und Verkäufer befindet. In anderen Worten – ein einseitiger Markt. Praktisch jeden Tag gibt es eine Art von Minipanik im S&P, auch wenn es sich nur um eine Bewegung zum Auslösen der Stops handelt. Um zu verstehen, wie und warum der Markt steigt und fällt, wie er es gerade gezeigt hat, müssen Sie verstehen, wie die Kursfindung am Parkett erfolgt. Häufig setze ich voraus, dass Spekulanten, die ihr Geld in den Futures- und Aktienmärkten riskieren, dieses Phänomen verstehen. Aber ansonsten haben nur wenige eine Vorstellung davon, wie der Kurs zustande kommt.

Zuerst gibt der, der kaufen will, ein Gebot ab und der, der verkaufen will, gibt ein Angebot ab. Ich betone, kaufen und verkaufen „will", weil vergleichsweise wenig Gebote und Angebote überhaupt durchgeführt werden. Alle Marktteilnehmer wollen den bestmöglichen für sie zu erzielenden Kurs. Damit sich entweder der Käufer oder der Verkäufer durchsetzen kann, muss der eine um die Differenz zwischen Gebot und Nachfrage nachgeben.

Jeder kann Käufer oder Verkäufer sein, indem er einfach sein Bid oder Ask in das Durcheinander am Parkett ruft. Aber hier herrschen sehr strikte Gesetze, wie diese Geld- und Briefkurse gemacht werden. Ein Käufer muss ein Gebot am oder oberhalb des vorhergehenden Bidkurses machen. Wenn ich also 75 biete, handelt es sich um ein Gebot. Die einzige Möglichkeit, dass jemand mit mir in einen Wettstreit mit seinem Gebot tritt, besteht darin, den gleichen Preis oder einen höheren, sagen wir, 80 zu bieten. Sobald der konkurrierende Käufer 80 bietet, bekommt er das Bid. Mein Gebot mit 75 hat keine Gültigkeit mehr. Nun muss ich 80 bieten oder mit einem neuen Gebot den Markt höher treiben.

Für den Verkäufer trifft das Gegenteil zu. Das Angebot muss am aktuellen Angebot liegen oder tiefer. Folglich, wenn ich versuche, bei 35 zu verkaufen, Sie aber unbedingt verkaufen wollen, müssen Sie den Markt tiefer angehen, um einen Käufer zu finden. So entsteht ein Sinken des Marktes, indem die Verkäufer immer tiefere Preise anbieten.

Damit ein Trade zustande kommt, müssen sich natürlich Käufer und Verkäufer auf einen einzigen Kurs einigen. Entweder akzeptiert der Möchtegern-Käufer das Angebot oder der Möchte-Verkäufer das Gebot. Wie wir gerade vorher anführten, verliert der Trader, welcher sich erweichen lässt, seinen Vorteil – die kostbare Differenz zwischen Geld und Briefkurs. Üblicherweise besteht der Vorteil nur in einem einzigen Tick, aber in dünnen Märkten mit wenig Volumen kann er mehr bedeuten. Und in von Panik getriebenen Märkten kann sich dieser Vorteil beträchtlich ausweiten. Das passiert in den sogenannten „Fast-Markets".

Um zu verstehen, warum sich der Markt bewegt, müssen Sie sich nur daran erinnern, dass kein Händler verpflichtet ist, zu handeln. Das bedeutet, wenn ich verkaufen will und ein Angebot unterhalb des Marktes abgebe, kann ich (muss ich aber nicht) einen willigen Käufer finden. Aus einem praktischen Grund heraus, wird sich aber bei einem bestimmten Kurs ein Käufer finden. Aber vielleicht nicht zu einem Kurs, an dem ich gerne verkaufen würde. Nun, was passiert bei den sogenannten Panikverkäufen? Es gibt keine Käufer. Der Käufer, der sich nur Sekunden zuvor die Lunge rausgeschrien hat, verstummt ganz plötzlich.

„Was ist Dein Gebot?" brüllt der ungeduldige Verkäufer nun. „Ich habe kein Gebot!" antwortet er mit verschränkten Armen.

Hier fängt der Spaß nun an – aber nur für jene, die den Markt bereits short sind. Auktionsprozesse, die durch Abwesenheit von Käufern geprägt sind, zwingen den Markt in eine Richtung – nach unten.

„Bei 75"

„Bei 70"

„Bei der Hälfte"

Schnell.

Das „Bei" bedeutet Verkäufe. In steigenden Märkten füllen die Gebote die Luft, während die Verkäufer untätig sind und den Käufern zugestehen, dass sie sich selbst umbringen. Die Panik entsteht, wenn der Markt aufgrund neuer Nachrichten noch einseitiger wird. Für die auf der falschen Seite des Marktes bedeutet das keine nette Aussicht.

Wie wird Ihr Auftrag behandelt

Nun, was hat diese „Open Outcry"-Methode des Handels mit Ihnen als Off-Floor-Trader (Trader, der nicht auf dem Parkett handelt) zu tun?

Gute Frage. In erster Linie beeinträchtigt sie die Qualität der Ausführung Ihres Auftrags und die Durchführung Ihrer Stop-Aufträge. Zunächst kann Ihr Auftrag, angenommen es handelt sich um einen Limitauftrag, nur ausgeführt werden, wenn es jemanden gibt, der die Gegenseite einnimmt. Ich hatte vor einigen Wochen ein frustrierendes Erlebnis, als ich versuchte, mit „dreißig" (hinter dem Komma) in einem Markt, der mit „fünfundzwanzig" handelte, zu verkaufen. Kein Problem vermutete ich, der Markt wird sich bald nach oben bewegen, und ich würde meine Ausführung erhalten. Kein Glück. Der Markt fiel, und ich musste meinen Auftrag zurückziehen. Weil ich auf diesen einen Tick mehr bestand, verpasste ich eine 200-Punkte-Bewegung.

Ein Market-Auftrag „bestens" bedeutet andererseits, dass Sie ausgeführt werden, wann immer der Parketthändler, der Ihren Auftrag bearbeitet, jemanden findet, der die Gegenposition einnimmt. Wenn Sie nun „am Markt" – in einem sagen wir einmal (00/05)-Markt – verkaufen, werden Sie typischerweise Even (Glatt) verkaufen, da der ausführende Parketthändler Ihren Even-Bid annimmt. Daher haben Sie bei Even verkauft, und der Käufer auf der anderen Seite des Trades hat zum gleichen Preis gekauft. Der Handel ist zustande gekommen.

Der Punkt ist, dass Stop-Loss-Aufträge oder „Stops" gemäß Definition zu einem Market-Auftrag werden, sobald dieses Niveau erreicht wird. Und da sich Stops an bestimmten Kursen häufen (unterhalb eines Intraday-Tiefs, oberhalb eines Intraday-Hochs), werden sie vom Parkett leicht erreicht, wenn es den Markt auf das richtige Kursniveau bringen kann. Das ist auch der Grund, warum sogenannte „search-and-destroy"-Einsätze in dem Markt so weit verbreitet sind. Sie lösen eine große Anzahl von Market-Aufträgen aus, gegen die das Parkett handelt. Anschließend kehrt der Kurs üblicherweise auf sein ursprüngliches Niveau zurück, sobald die Minipanik der Stop-Käufe oder Stop-Verkäufe versiegt.

Ich weiß, das ist das ABC des Futures-Trading, aber ich will, dass jeder Leser versteht, dass Stops leicht bestimmbare Ziele darstellen, sobald sie innerhalb leicht auszulösender Kursspannen geraten.

Das Timing Ihrer Trades – die Eröffnung

Nun da Sie verstehen, wie der Kurs entsteht und wie Stop-Käufe und Stop-Verkäufe einen Markt bewegen können, können Sie anfangen, sich Gedanken über eine der besten Handelszeiten des Tages zu machen – über die Eröffnung.

Die Eröffnung bedeutet eine Trading-Gelegenheit. Es ist die Zeit während des Tages, an der Liquidität und Volatilität meistens am höchsten sind.

Was passiert wirklich bei der Eröffnung?

Es ist schwierig zu verallgemeinern, weil es so viele verschiedene Szenarien gibt, die nach der Eröffnung eintreten können. Aber wir haben Untersuchungen durchgeführt, die ergaben, dass die Eröffnung und die ersten Handelsminuten (im S&P beispielsweise von 9:30 A.M. Eastern Time bis ungefähr 11:30 A.M. Eastern Time) sich als eine der gewinnbringendsten Handelszeiten des Tages erweisen. Die andere ist die Nachmittagssitzung, welche von ca.1:00 P.M. Eastern Time bis zum Schlusskurs dauert.

Während dieser zwei entscheidenden Zeiten eines Handelstages spricht eine höhere Wahrscheinlichkeit für das Auftreten von Trendsituationen. Unsere Studien ermöglichen uns, Gewinne auf ungefähr zwei Drittel unserer Trades während dieser Periode einzufahren. Zu anderen Zeiten während der Handelssitzung sind es nur annähernd die Hälfte der Trades.

Weil die Wahrscheinlichkeit für Gewinne während dieser Zeit zu unseren Gunsten liegt, verdient die Eröffnung eine genauere Untersuchung. Die Eröffnung − oder zumindest, der Zeitraum kurz nach der Eröffnung, in den ersten 30 Minuten − stellt häufig einen Zeitpunkt mit guten Einstiegsgelegenheiten für jene dar, die nach den richtigen Signalen suchen. Es scheint, als ob eine breite Palette von kursbeeinflussenden Faktoren zu diesem

Zeitpunkt ins Spiel kommen, welche zu anderen Zeiten des Handelstages nicht vorhanden sind. Zum einen kann eine Wegbewegung vom vorhergehenden Schlusskurs Stopaufträge auslösen. Die vom Parkett ausgelösten, gerade beschriebenen „Stop-Auslöse"-Bewegungen, stellen normalerweise für einen Day Trader kein Problem dar, der Händler aber, der über Nacht Positionen offen lässt, muss sich dieser Gefahr bewusst sein. Typischerweise löst eine sogenannte „Gap"-Eröffnung – was bedeutet, dass der Markt signifikant über oder unter der Vortageshandelsspanne eröffnet und damit eine Lücke am Chart erzeugt – Stop-Loss-Aufträge aus. Und während der Positionshändler (also derjenige, der die Position auch über Nacht hält) zu diesem Zeitpunkt ein Risiko eingeht, wartet der erfahrene Day Trader geduldig auf seine Chance.

Was kann den Kurs veranlassen, auszuschlagen? Normalerweise irgendwelche Nachrichten, die am Tag zuvor noch nicht antizipiert wurden. Oder ein Regierungsbericht, eine Vorgangsweise der Nationalbank, und überhaupt alles, was einen Einfluss auf die Wirtschaft hat. In den letzten Jahren stellten die Zinssätze die wichtigsten Beweggründe für die Wirtschaft und somit auch für den Aktienmarkt dar. Üblicherweise bietet ein fester Anleihemarkt ein gutes Klima für Aktien und vice versa. Ohne Rücksicht auf etwaige Gründe jedoch nährt sich häufig eine Gap-Eröffnung selbst, weil durch den steigenden Kurs weitere Stop-Loss-Käufe ausgelöst werden. Meistens jedoch können diese Eröffnungs-Gaps „übergangen" werden: Sie sollten verkauft werden, um eine spätere Rückbewegung zu antizipieren.

Ich bezeichne diese Art von Gap-Eröffnung als den „Sprungeffekt". Was passiert, sobald der vorwärtstreibende Druck weggenommen wird? Der Markt kehrt zu seiner normalen Verfassung zurück. Daher können Gaps außerordentliche Gegentradesituationen darstellen. Die allgemein gültige Regel lautet, dass Sie höhere Gaps verkaufen und tiefere kaufen.

Es gibt Gaps, die beträchtliche Bewegungen in die Richtung der Eröffnung ankündigen, aber unüblich sind. Sogar diese Power-Gaps erzeugen in der Regel eine Möglichkeit, um auf der richtigen Seite aufzuspringen, ein Phänomen, das wir gleich diskutieren werden.

Ein Marktanalyst erklärte mir vor kurzem, dass er eine Vielzahl von Untersuchungen durchgeführt hatte. Seine Schlussfolgerung: „Einige Markt-Gaps stellen Gelegenheiten dar, die nicht gehandelt werden sollten, wogegen Sie in anderen Märkten mit dem Trend gehen und in die Richtungen des Gaps traden sollten. Die Gaps im S&P-Markt ergeben Möglichkeiten, um entgegen der Richtung der Eröffnung zu traden."

Diese frühen Morgen-Gaps treten zu einem wichtigen Zeitpunkt auf. Da Sie niemals die Richtung exakt erkennen können, müssen Sie sich an die Begriffe Zeit und Preis erinnern. Wenn Sie ein Gap nach unten verkaufen, um ein Weitersinken zu antizipieren, wird eine von zwei Möglichkeiten auftreten: Sie liegen richtig und der Kurs bricht sofort ein; oder, der Kurs dreht und springt zurück (Sie hätten gegen die Bewegung handeln sollen) und Sie befinden sich sofort im Verlust. Der Markt wird nicht bei der Eröffnung austrocknen. Mit voranschreitender Dauer des Handelstages werden Sie erkennen, ob Sie richtig oder falsch liegen, und Sie müssen vorbereitet sein, darauf rasch zu reagieren.

Ich möchte nicht, dass Sie meinen Worten blind folgen. Das würde ihnen die Sicherheit beim Trading nehmen. Fangen Sie an, die Eröffnung selbst zu beobachten. Wie oft werden Anfangsbewegungen bis zum Handelsschluss wieder aufgelöst? Wie oft kündigt ein Gap einen Trendtag an? Vergessen Sie die Anmerkung nicht, dass der Markt höher notiert, um eine Verkaufsmöglichkeit zu schaffen – und vice versa. Nach einiger Zeit der Beobachtung dieses Marktphänomens werden Sie vielleicht anfangen, ein Muster zu erkennen.

Bei der Eröffnung genauso wie zu anderen Zeiten während eines Handelstages, müssen Sie den psychologischen Komponenten gegenüber aufmerksam bleiben. Geld zu verlieren, erzeugt Angst. Und Angst erzeugt irrationales Verhalten. Nehmen Sie den menschlichen „Herden"-Instinkt und die Tatsache, dass viele Spekulanten nicht ausreichend kapitalisiert sind – und schon haben Sie die Bestandteile einer echten emotional getriebenen Handelssitzung zusammen. Das zeigt sich ganz besonders bei volatilen Markteröffnungen.

Erinnern Sie sich, der Trading-Anfänger, unabhängig ob er ausreichend kapitalisiert ist oder nicht, operiert mit sehr wenig Kapital und hauchdünner Margin. Wenn sich der Kurs gegen Ihn bewegt, muss er aussteigen. Das ist seine einzige Chance, zu überleben. Mit dieser Vorgehensweise neigt er dazu, sich selbst zu zerfleischen – in der Form von immer höheren unrealistischen Geboten oder immer tieferen unrealistischen Angeboten. Die Irrationalität dieser emotional angetriebenen Bewegungen können Sie in den unglaublichen Swings des Aufgeldes sehen, welche sich aus der Differenz zwischen dem Preis des Kassaindex und des aktuellen Futureskontrakts errechnet.

Die Eröffnung bietet viele Gelegenheiten, eben deswegen, weil die Situation so unsicher ist. Steigt der Kurs oder fällt er? Warum? Weil risikoscheue Trader abwarten wollen, bis sich der Staub setzt. Unglücklicherweise ist dann der Trend allen bekannt. Somit vergeht die Gelegenheit ungenützt. Ich denke, es handelt sich um eine vorherrschende Verhaltensweise im Markt: Wir neigen dazu, vorsichtiger zu sein, wenn wir am mutigsten sein sollten; und selbstverständlich am mutigsten wenn Vorsicht geboten ist.

Seien Sie sich immer über die Bedeutung der Contrary Opinion im Klaren, wenn Sie eine Markteröffnung handeln: „Wenn alle gleich denken," sagte Humphrey Neill, der Vater der Contrary Opinion, „liegt jeder wahrscheinlich falsch".

Die Eröffnung verwenden,
um den Trend des Tages zu bestimmen

Je mehr Information Sie aus der Markteröffnung erhalten, um so besser sind Sie vorbereitet, intelligente Handelsentscheidungen während des Tages zu treffen. Häufig gibt die Eröffnung einen sehr wertvollen Anhaltspunkt für den Trend des Tages. Auch hier sind die Indikatoren wiederum Zeit und Preis. Anders gefragt: Gibt es ausreichend Volatilität, damit ein richtiger Trendtag vermutet werden kann? Die Antwort auf diese Frage ist entscheidend, weil sie bestimmt, ob Sie ein aggressiver Trendfolger sein sollten oder einfach gegen einen Trend handeln sollten.

Wie bestimmen Sie das?

Der Schlüssel liegt in der Anfangsvolatilität. Will der Markt rasch in eine Richtung gehen? Merken Sie sich, Sie beobachten sowohl Zeit als auch Preis. Zuerst konfrontieren Sie sich mit der Frage: Will der Markt wirklich einen Trend ausbilden? Zweitens, wenn ja, in welche Richtung? Hier haben Sie eine allgemeine Regel (Sie erinnern sich, keine Regel trifft 100-prozentig genau), die sowohl Zeit wie auch Preis berücksichtigt:

Wenn sich der S&P-Futures mehr als 100 Punkte in den ersten 15 Minuten nach der Eröffnung bewegt, ist ein Trendtag wahrscheinlich. Wenn sich der Futures nicht mehr als 100 Punkte innerhalb der gleichen Periode bewegt, begünstigt die Wahrscheinlichkeit einen Nicht-Trendtag.

Beachten Sie immer noch, dass wir Zeit und Preis betrachten. Der Gedanke hier ist, dass eine ruhige Eröffnung häufig einen ruhigen Handelstag bedeutet. Ein Nicht-Trendtag erfordert eine besondere Art von Handelsstrategie und ein Trendtag eine andere. An einem Nicht-Trendtag können Sie die Unterstützung und Widerstandsparameter einsetzen und gegen diese handeln: verkaufen gegen den Widerstand und kaufen gegen die Unterstützung. An einem Trendtag müssen Sie ihre Strategie um 180° Grad drehen, was bedeutet, die Stärke kaufen und Schwäche verkaufen. Sie könnten sich entschließen, Nicht-Trendtage rein wegen der Theorie, dass der mögliche Gewinn das Risiko nicht wert ist, nicht zu handeln.

Offensichtlich handelt es sich hier um einen sehr einfachen Zugang zu den Märkten. Wie wir alle wissen, entwickeln sich manche „ruhige" Tage zu herausragenden Tagen und dramatische Eröffnungen werden am Nachmittag gelegentlich zu einer Flaute. Aber wenn Sie Ihre Augen auf die versteckten Anhaltspunkte richten, sollte es Ihnen möglich sein, die besten Gelegenheiten aufzuspüren.

Natürlich werden einige Tage leichter zu traden sein als andere. Die wirklich tückischen Tage bieten auch die größte Herausforderung. Da Sie nie sicher wissen, was die Märkte bringen werden, ist es das Beste, zumindest zehn oder zwanzig Minuten zu warten, bevor Sie ihren ersten Trade des Tages initiieren. Bis dahin haben Sie hoffentlich einige wichtige Information erhalten, die einen Anhaltspunkt für die weitere Entwicklung bieten.

Welche Art von Informationen benötigen wir? Die Kursspanne, das Momentum, Tickvolumen, Unterstützung, Widerstand und so weiter. Die Begriffe Zeit und Preis führen uns zu einer weiteren Überlegung. Wenn der Markt höher steigt, dann wird er wahrscheinlich in einer bestimmten treppenartigen Weise handeln – aufwärts, ein kleines bisschen zurück, wieder aufwärts und so weiter. Der Punkt ist, dass ganz bestimmte Situationen in einem steigenden Markt eintreten sollten, die beständig bei solch einer Art von Marktverhalten auftreten. Betrachten wir eine analoges Beispiel. Wenn eine Zugfahrt von Boston nach New York ungefähr fünf Stunden dauert, dann sollte der zwölf Uhr Mittagszug von Boston seinen Ankunftsbahnhof New York um ungefähr fünf Uhr nachmittags erreichen. Wenn nun der Zug fünf oder zehn Minuten zu früh oder verspätet ist, ist es kein großer Umstand. Aber wenn der Zug vier Stunden von seinem Zeitplan abweicht, ist irgend etwas nicht in Ordnung. Das Gleiche gilt auch für den Markt. Bestimmte Kursvorgaben sollten erreicht werden, wenn der Markt höher steigt.

Lassen Sie mich Ihnen ein Beispiel aus dem S&P geben. Der Markt handelte zwischen 455,00 und 456,00 an einem Tag, als ich höhere Kurse erwartete. Am Anfang handelte er zwischen Unterstützung und Widerstand hin und her und erreichte den Punkt, an dem er ansteigen sollte. Bei einem Ausbruch auf 455,50 kaufte ich den S&P. Ich lag richtig, und er stieg auf neue Höhen.

An diesem Tag war ein Klient bei mir und er fragte mich, „Wie wussten Sie, dass Sie hier kaufen müssen?"

Er fügte an, dass er eine Gegenbewegung auf die Unterstützung bei 455,00 hätte sehen wollen. Ich erkannte eine fehlerhafte Denkweise.

Da der Markt in Ordnung war, war er eben bereit für einen Anstieg, erklärte ich. Hätte sich der Trade negativ entwickelt, hätte ich sofort verkauft. Zeit und Preis hatten ein entscheidendes Ausmaß erreicht. Er musste entweder steigen oder das gesamte Szenario hätte verworfen werden müssen. Ich konnte es mit einem netten Gewinn verkaufen.

Darum sollten Sie früh am Handelstag da sein, wenn sich der Trend zu entwickeln beginnt. Wenn Sie nicht wissen, wonach Sie suchen, werden Sie entweder die Bewegung verpassen oder Sie werden gezwungen, dem Kurs nachzujagen. Ich wusste, was ich suchte, und ich fand es.

Die gewinnträchtige Bullenstrategie

Verachten Sie nicht den Wert der Zeit. Eine Rückbewegung von einem Kursniveau kann von größter Bedeutung sein.

Zum Beispiel erinnere ich mich an eine Eröffnung, die alle Spitzfindigkeiten einer kleinen Bullenrally aufwies. Zuerst brach der Markt um 80 Punkte im ersten Fünf-Minuten-Balken ein. Typischerweise würde uns eine derartige Abwärtsbewegung erwarten lassen, dass der Markt in aller Eile irgendwohin gehen will, und Sie daher besser als Verkäufer auftreten. Äußerst fair. Aber da Preis und Zeit alles ist, müssen Sie sich selbst fragen, ob der Markt auch weiterhin tief bleiben wird? Jetzt müssen Sie rasch entscheiden, ob Sie verkaufen, in der Hoffnung, dass das Tief durchbrochen wird – oder Sie warten und sehen was passiert.

Hier haben Sie, was geschah. Nach dem 80-Punkte-Einbruch stabilisierte sich der Markt und stieg an. Nicht wirklich eine gute Situation, um leer zu verkaufen! Aber warten Sie. Wegen der Rally fangen Sie an, über Käufe nachzudenken. Nicht so schnell. Sie wissen, was geschah. Der Markt fiel, löste die Stops unterhalb des Intraday-Tiefs aus und hebte dann nach oben ab, um bis zum Schluss einen schönen Trend nach oben auszuformen. Was für eine Bewegung! Aber eine, die Sie sicherlich lernen müssen, mitzumachen, wenn Sie ein Futures-Trader sein wollen. Es braucht wahren Mut und Durchhaltevermögen, einen wilden Markt wie diesen zu handeln.

Ich glaube, es gibt jeden Tag einiges Wertvolles zu lernen. Und gestern bestätigte sich, dass es nicht unmöglich war, zu traden, nur weil es schwer war, den Trend zu finden.

Wenn Sie auf einen Tag, wie diesen zurückschauen, können Sie erkennen, warum es wichtig ist, nicht die gesamte Hoffnung auf einen einzigen Trade zu setzen. Die Möglichkeit besteht, dass Sie mehrmals falsch liegen. Die Analyse dieses Marktgeschehens enthüllt einige wichtige Wahrheiten. Nicht nur fiel der Markt, bevor er anstieg (das paradoxe Ereignis), sondern er notierte genau an dem Punkt, an dem er das größte Leid für die meisten Mitspieler bedeutete: unterhalb des Intraday-Tiefs, wo ohne Zweifel die Stops platziert wurden. Haben Sie sich jemals schon gesagt, „ich habe die Richtung des Markts erkannt, aber trotzdem Geld verloren?" Fragen Sie mich nicht, warum diese „Bucking Bull", wie ich diese Marktaktivität nach oben und unten nenne, existiert. Ich weiß lediglich, dass ich nicht sein Opfer sein will.

Wo liegen die Stops?

Nunmehr haben Sie wahrscheinlich schon begonnen, einen leichten Schimmer zu erhalten, warum Ihre besten Absichten im Markt häufig schief gehen können. Sie können eiserne Disziplin aufbringen, ausgezeichnete Money-Management-Fähigkeiten und ein profitables System besitzen und trotzdem vom Markt zerstört werden. Ich bin überzeugt, dass diese Stolpersteine beiseite geräumt werden können, wenn Sie verstehen, was wirklich vor sich geht.

Wann immer ich einen Trade eingehe, stelle ich mir eine einfache Frage: Wo liegen die Stops? Eine Frage mit einfacher Antwortung – oberhalb von Intraday-Hochs, unterhalb von Intraday-Tiefs, beziehungsweise oberhalb und unterhalb jeder kurzfristigen oder langfristigen Unterstützung oder Widerstand. Das sind Ihre Punkte der Verletzbarkeit.

Der Markt wird von den Stops angezogen. Wenn Sie ein rotes Tuch vor einem Bullen schwenken, zieht er Sie vielleicht nicht sofort zur Verantwortung. Aber machen Sie einen Bullen verrückt genug, sollten Sie darauf vorbereitet sein, aufgespießt zu werden. Somit stellen Stops rote Tücher dar. Sobald der Bulle angreift und die Stops beseitigt (was in Verlusten für die glücklosen Stop-Loss-Platzierer resultiert, die – Sie erinnern sich – nur versuchen, das Richtige zu tun), fragen Sie sich, was dem Markt widerfährt. Schwankt er? Stirbt er? Bleibt er tief oder springt er wie im vorigen Beispiel schnell zurück? In diesem Fall zeigt die rasche Bewegung weg von den Stops, dass der Markt nach oben will.

Um die Gültigkeit dieser Aussage zu erkennen, empfehle ich Ihnen, die Märkte zu beobachten. Machen Sie die wahrscheinlichen Stops ausfindig, und verfolgen Sie die Bewegung weg von den Stops.

Sobald das Tief ausgebildet worden ist und die Stops platziert wurden, wird dieses Tief zu einem Magnet. Eine bullische Stimmung kann es vor einem neuerlichen Test bewahren, aber wenn der Markt erneut auf das Tief zurückkehrt und die Verkäufe austrocknen, gibt es für den Markt nur mehr einen Weg – nach oben! Das gleiche Phänomen – nur umgekehrt – kann am Hoch des Marktes beobachtet werden.

Das äußerste Ende der Handelsspanne tritt in der ersten Handelsstunde auf

Ein zusätzlicher Grund, die erste Handelsstunde zu traden, liegt in einer höheren Wahrscheinlichkeit, dass ein Ende der Tages-Range während dieser Zeit gebildet wird. Daher haben Sie eine ausgezeichnete Ausgangsposition, wenn Sie sehr früh einen Einstieg finden und der Markt eine vorteilhafte Bewegung weg von Ihrem Einstieg macht. Eine ungünstige temporäre Bewegung wird jetzt nur ihre Buchgewinne gefährden – aber nicht ihr Handelskapital. Wie oft haben Sie sich schon geärgert, „hätte ich diesen Morgen doch nur verkauft?" oder „hätte ich nur in der ersten Stunde gekauft."

Die Chance besteht, dass sich der Markt nun genau so bewegt, wie Sie es erwartet haben. Verständlich, jedoch zögern Sie, in den Markt einzusteigen, da die Bewegung des Tages schon gut vorangeschritten ist. Der 4. Februar 1994 fällt mir ein. Das war ein Tag, als der März S&P 500 über 1000 Punkte fiel. Zur Halbzeit des Handelstages erhielt ich von beinahe einem Dutzend Trader Anrufe, die nicht die Bewegung mitmachen konnten. Zu diesem Zeitpunkt war der Markt 500 oder 600 Punkte gefallen.

Da die erste Gelegenheit verpasst wurde, war jeder vorsichtig, den Markt vor sich her zu treiben, da er bereits so weit gefallen war. Jetzt war er immer noch für eine Bewegung von 400 bis 500 Punkten gut.

Das unterstreicht die Wichtigkeit von soliden Handelspraktiken. Wenn Sie auf Grund des Wissens vorgehen, dass zum Beispiel das äußerste Ende der Range innerhalb der ersten Handelsstunde auftreten soll, haben Sie eine Gelegenheit, die einfach für den Rest der Handelssitzung nicht mehr vorhanden sein wird. Mit einer festen psychologischen Grundlage (und den Buchgewinnen, die ihr geschicktes Trading belohnen), werden Sie die Sicherheit aufbringen, das zu tun, was die Zuspätgekommenen nicht ausführen konnten – nämlich mehr Kontrakte zu verkaufen. Ich weiß nichts über Sie, aber wenn ich einige Kontrakte halte, die mir 4000 oder 5000 Dollar einbringen, habe ich keine Probleme, noch zwei oder drei Kontrakte zusätzlich zu verkaufen. Zu diesem Zeitpunkt weiß ich bereits, dass ein Gewinner feststeht. Daher, wenn ich Tausende von Dollar im Markt vorne liege und einen Fehler mache, ist das die eine Sache. Aber wenn ich 50 Prozent meines Handelskapitals verloren habe, zweifle ich an meiner Überlebensfähigkeit als Trader. Die psychologische Komponente ist ungeheuer wichtig.

Zusammenfassung

Erfolgreiches Day Trading ist eine Kunst, keine Wissenschaft. Die einfachen Formeln werden dem komplexen Geschehen nicht gerecht. Sie sind bei weitem besser beraten, nach den versteckten Anhaltspunkten zu suchen, die den Schlüssel für die Richtung des Marktes bilden. Bevor wir zu speziellen Indikatoren und Strategien kommen, um Geld im Day Trading zu verdienen, lassen Sie mich nochmals einige Themen, die wir bearbeiteten, herausheben:

50

- Lernen Sie, sich den Märkten zu ergeben – Sie können sie nicht beeinflussen

- Marktmythen sind im Überfluss vorhanden

- Suchen Sie das „paradoxe Ereignis" – es zeigt Ihnen häufig die Antwort

- „Konventionelle Marktweisheiten" funktionieren nicht

- Zeit und Preis sind die Schlüssel für jede Marktbewegung

- Die besten Gelegenheiten ergeben sich während den Eröffnungs- und Schlussstunden

- Stops funktionieren wie Magnete

- Märkte geraten durch Panik aus der „Linie"

- Trading ist eine emotionale Aktivität

- Die Eröffnung kann den Anhaltspunkt für den Trend des Tages bieten.

Die Indikatoren

Wenn wir dazu übergehen, Day Trading und die Gewinne ins Visier zu nehmen, müssen wir uns auf wichtige Indikatoren konzentrieren, die die tatsächlichen Marktzustände verdeutlichen. Ich unterteile die Indikatoren in zwei Kategorien – Basisindikatoren und Sekundärindikatoren. Alle sind wichtig. Wenn Sie sich neu mit dem S&P 500 befassen, ist es ganz besonders wichtig, dass Sie mit diesen technischen Werkzeugen vertraut werden. Sie stellen den Markt dar. Mehr noch, alle zusammen beurteilt, können einen sehr klaren Eindruck einer bevorstehenden Marktbewegung vermitteln.

Basisindikatoren

Es gibt nur einen Weg für Day Trader, den S&P 500 Futures-Kontrakt zu verfolgen: die Basisindikatoren zu verfolgen. Was sind diese Indikatoren und was repräsentieren sie? Bearbeiten wir jeden einzeln.

1. Der S&P Kassaindex.

Der Kassaindex („SPX") wird jede Minute neu berechnet und stellt das engste Element einer Geld-"Ware" für den S&P-Futures-Kontrakt dar. Da der S&P-Futures am letzten Handelstag zum aktuellen Kassaindex wird, ist der zugrundeliegende Index (neben dem Futureskurs selbst) bei weitem der wichtigste alleinstehende Indikator für Futureshändler, der zu verfolgen ist. Ungleich des Futures, der in 0.05 Schritten gehandelt wird und innerhalb eines Augenblicks durch die Laune eines Händlers geändert werden kann, um einen Bid- oder Ask-Kurs zu akzeptieren, wird der zugrundeliegende Index immer aufs Neue als Durchschnitt der gesamten 500 zugrundeliegenden Aktien errechnet. Kurz gesagt, der Kassaindex ist der S&P-Markt. Wie wir gleich sehen werden, bewegen sich die Futures üblicherweise um den Kassakurs, und aus verschiedenen Gründen handeln sie entweder mit einem Aufgeld oder einem Discount (Abschlag). Aber der springende Punkt, den Sie sich in Erinnerung rufen müssen: der Wert des zugrundeliegenden Futures bestimmt letztendlich, wohin der Markt gehen wird.

2. Der Dow Jones Industrial Average.

Der Dow („INDU") ist der Durchschnitt von nur 30 führenden Blue-Chips. Weil die Aktien so bekannt sind, wird der Dow häufig als der Markt betrachtet. In der Regel laufen der Dow und der S&P 500 ziemlich eng nebeneinander. Aber das ist nicht immer der Fall, da ein oder zwei große Bewegungen in der vergleichsweisen kleinen Anzahl von Aktien die Bewertung des Dows beeinflussen können. Daher stellt es die Ausnahme dar, dass der Dow einen Trend in die entgegengesetzte Richtung des S&P-Futures und Kassamarkts aufweist. Faustregel: Wenn der Dow hoch ist, dann wird der Markt generell nach oben zeigen. Das hat wiederum einen wichtigen psychologischen Einfluss auf den Futuresmarkt.

3. Der Tick.

Der Tick ist eine Zahl, die die Differenz zwischen steigenden und fallenden Aktien misst. Daher besagt ein Tickwert von 55, dass es 55 mehr steigende Werte gibt als fallende. Ein negativer Tickwert, sagen wir −169, würde bedeuten, dass mehr Aktien gesunken als gestiegen sind. Daher lautet die Formel: Anzahl steigender Aktien minus Anzahl fallender Aktien ergeben den Tick. Der "TICKI" stellt eine ähnliche Messung für die Dow Jones Industrial Aktien dar. Mit nur 30 Aktien im Index kann der TICKI nur einen Wert von maximal +30 und minimal −30 aufweisen. Die Rate, wie sich der TICK oder TICKI verändert, kann einen wertvollen Anhaltspunkt für die Richtung des Marktes geben.

4. Das Aufgeld.

Das Aufgeld, das die Differenz zwischen zugrundeliegendem Kassaindex und aktuellstem S&P 500-Futures-Kontrakt ist, ist einer der wichtigsten, aber auch am meisten missverstandenen Indikatoren, die Sie finden können. Der Grund dafür ist, dass Händler dazu neigen, den Wert des Aufgeldes entweder als bullish oder als bearish kategorisieren zu wollen. Aber wichtiger als der aktuelle Wert ist die Veränderungsrate und der gegenwärtige Wert in Bezug auf den Durchschnitt und den Mittelwert des Aufgeldes. Sie sollten deshalb versuchen, nicht die einfachste Erklärung für einen bestimmten Wert des Aufgeldes zu finden. Zum Beispiel wäre es ein großer Fehler, einfach zu sagen, dass ein hohes Aufgeld (Futures über Kassakurs) eine Kaufgelegenheit darstellt und ein großer Discount (Futures unterhalb Kassakurs) eine Verkaufsgelegenheit bedeutet. Nachdem ich das jetzt erklärt habe, sollten Sie mit großer Akribie diesen Indikator verfolgen, wie wir gleich in der nachfolgenden Diskussion sehen werden.

5. Der S&P Futures.

Dieser Futureskontrakt, der in den vier Kontraktmonaten März, Juni, September und Dezember gehandelt wird, ist der wichtigste von allen Indikatoren, da er den Markt abbildet. All die anderen Indikatoren können Ihnen helfen, die Futures zu handeln. Aber da alle Faktoren letzen Endes durch den Futureskurs reflektiert werden, kann eine Fülle von Informationen aus dem Verständnis des Kursverhaltens gewonnen werden. Mit dem Studium werden Sie erkennen, dass sich verschiedene Indikatoren wie Dow, Kassaindex, Anleihen und Aufgeld auf die Futures mit verschiedenen Mustern beziehen. Manchmal leitet der Dow den S&P-Futures – zu anderen Zeiten wird gerade das Gegenteil zutreffen. Mehr noch, jeder technische Indikator – Gleitende Durchschnitte, RSI, Stochastik, usw. – wird mit einem Zeitverzug errechnet. Daher wird es Ihnen nur selten möglich sein, wenn Sie sich auf einen einzigen Indikator stützen, ihre Gewinnchance auf 50 : 50 zu erhöhen. Es wird behauptet, dass unterschiedliche Meinungen den Markt bilden. Daher sind die Gelegenheiten am markantesten, wenn es viele verschiedene Meinungen bezüglich der Richtung des Futureskurses gibt. Korrekte Interpretation des Kurses erfordert jedoch Wissen und Talent.

Sekundärindikatoren

Sobald Sie die zugrunde liegenden Indikatoren verstehen, sind Sie bereit, eine Auswahl der Sekundärindikatoren zu treffen, die Sie verfolgen wollen. Da jeder seinen persönlichen Handelsstil entwickelt, werden Sie feststellen, dass Sie sich mit einigen dieser Indikatoren wohler fühlen als mit anderen. Mein Ziel ist, Ihnen Sekundärindikatoren vorzustellen, die ich als brauchbar erachte. In erster Linie dienen diese Sekundärindikatoren als ein Werkzeug zur Bestätigung. Ich weiß, dass es Ihnen ohne hoch entwickelte Computerprogramme wie Omega's TradeStation nicht möglich sein wird, in Real-Time einen Nutzen aus einigen dieser Indikatoren zu ziehen, jedoch glaube ich, dass jeder technologische „Vorteil", den Sie nützen können, ihr Trading verbessern wird. Hier stelle ich einige Sekundärindikatoren vor, die ich beobachte:

1.Slow- und Fast-Stochastik.

Das sind zwei einfache Oszillatoren, die ich unterhalb meines 5 Minuten Barcharts mitzeichne. Einige Menschen glauben an diese Indikatoren, aber ich finde, dass sie nur als Überkauft-/Überverkauft-Indikator brauchbar sein können, sobald der Markt ein Intraday-Extrem erreicht hat. Wie die meisten dieser Indikatoren, errechnen sich diese zeitverzögert. Folglich hilft es häufig, Marktumkehrungen zu antizipieren, indem diese Indikatoren verwendet werden.

2. Volumen.

Plotten Sie das Tickvolumen unterhalb des Kurses und Sie werden sehen, dass hohes Volumen normalerweise signifikante Marktumkehrungen begleitet. Das kann ein wertvolles Hilfsmittel sein, wenn es richtig interpretiert wird. Der Markt bewegt sich gewöhnlich bei hohen Volumen – entweder ein Einbruch oder eine signifikante Umkehrung.

3. Bond-Futures.

Wenn Sie den S&P-Futures handeln wollen, müssen Sie sich angewöhnen, den Bond zu beobachten. Während schwacher Konjunktur, bewegt sich der S&P-Futures annähernd dem Bond-Futures. Aber Achtung, das kann auch zu einer Enttäuschung führen. Langfristig betrachtet, ist die Beziehung zwischen dem Bondkurs und Aktienkurs viel zufälliger. Mit sich bessernder Konjunktur erwarten Sie eine engere Beziehung. Trotzdem müssen die Bond/ Futureskurse bei einem S&P-Futureshandel berücksichtigt werden.

4. Steigende und fallende NYSE-Aktien.

Mit dieser Zahl erhalten Sie einen kleinen Schimmer von der relativen Stärke oder Schwäche des Aktienmarktes. Diese sollte berücksichtigt werden, wenn Sie den S&P-Futures handeln. Erfahrene Parketthändler achten ganz besonders auf ausgewählte Schlüsselaktien, ebenso so wie auf die umfangreichen Zahlen, um genau die kritischen Wendepunkte in der Marktsitzung festzulegen.

5. Bollinger Bänder.

Diese dienen als Real-Time-Unterstüzung und -Widerstand, wenn sie über den Barchart gelegt werden. Ich habe herausgefunden, dass ein Durchbruch durch eines der beiden Bänder häufig eine ausgezeichnete Gelegenheit darstellt, entgegen der Bewegung zu handeln, da der Kurs üblicherweise in die Mitte zurückkehrt. Wiederum, das ist keine hundertprozentige Regel, aber eine exzellente Richtlinie für den S&P Day Trader.

6. Momentum (Rate of change).

Der Schwung für die Veränderung. – ein entscheidendes Konzept, das es sich lohnt zu beobachten, wenn Sie ein- oder aussteigen wollen, bevor die Information weit verbreitet ist. Weil Marktbewegungen zu Übertreibungen neigen, können Momentumveränderungen sehr hilfreich sein, um Wendepunkte zu erkennen.

7. Ein-Minuten- und Fünf-Minuten-Barcharts.

Ich beobachte diese in Real-Time mit den Ein-Minuten- und Fünf-Minuten-Schlusskursen. Derartige Umkehrungen wie scharfe Spitzen nach oben oder unten werden sehr leicht erkannt. Mehr noch werden die Trends dadurch besonders offensichtlich. Das Gleiche hat auch am Ein-Minuten-Chart für Unterstützung und Widerstand Gültigkeit. Wenn Sie Sechs-, Sieben-, oder Zehn-Minuten-Barcharts bevorzugen, handelt es sich dabei um eine persönliche Vorliebe.

Zusammenfassung

Wenn Sie anfangen, erfolgreich zu traden, müssen Sie wissen, wonach Sie suchen. Folgend sind einige Basis- beziehungsweise Sekundärindikatoren aufgelistet:

· Basisindikatoren

- Der S&P-Kassaindex (SPX)
- Der Dow Jones Industrial Average (INDU)
- Der Tick
- Das Aufgeld
- Der S&P-Futures

· Sekundärindikatoren

- Slow- und Fast-Stochastik
- Volumen
- Bond-Futures
- Steigende und fallende NYSE-Aktien
- Bollinger Bänder
- Momentum
- Ein- und Fünf-Minuten-Barchart

Eine Momentaufnahme
des Marktes

Ich beobachte den Markt während des gesamten Handelstages. Das wird ganz besonders wichtig, sobald Sie einen Trade eingehen. Sie wollen in der Lage sein, so wie es ein Händler bezeichnete, „den Rauch unter der Tür durchkommen zu sehen", lange bevor Sie erkennen, dass das ganze Haus in Flammen steht. Man neigt dazu, das Sicherheitsdenken aufzugeben, sobald die Position beginnt, einen Gewinn aufzuweisen. Aber, wie Sie sehen werden, beständige Wachsamkeit ist der Preis für den Handelserfolg.

Schnelligkeit ist wichtig, um Gewinne im Day Trading zu erhalten. Um rasch zu handeln, müssen Sie die Informationen rasch erhalten, und natürlich müssen Sie eine Vorstellung davon haben, wie Sie die erhaltene Information am besten interpretieren.

Unterhalb habe ich alle wichtigen Informationen aufgelistet, die auf meinem TradeStation-Bildschirm" erscheinen. Da die Daten sich in einem fortlaufenden blinkenden, farbigen Licht ständig ändern, besteht die Gefahr, das zu vergessen, was Sie sich nur Momente

zuvor gedacht haben. Diese Neigung tritt unglücklicherweise am wahrscheinlichsten dann auf, wenn Sie nicht
anerkennen wollen, dass der Trend sich vielleicht gegen
Ihre Position gerichtet hat. Um mir treu zu bleiben, dru-
cke ich aus oder schreibe mir bedeutende Daten eines
bestimmten Zeitpunktes auf. Nachdem dann eine ange-
messene Zeit vergangen ist, überprüfe ich die Kurse noch
einmal. Ich vergleiche die „Momentaufnahmen". Nachfolgend sehen Sie, wie eine typische Aufnahme aussehen
könnte:

	9:43 A.M.
ADV (steigende Aktien)	613
USU (September Bonds)	104-21
SPU (September S&P)	459.95
DECL (fallende Aktien)	538
INDU (Dow Jones Industrial)	+5.85*
PREM (Aufgeld)	185
SPX (Kassa S&P)	458.10
TICK	41
TICKI	3

* Bemerkung: Bevor ich den aktuellen Dowkurs schreibe, notiere ich
nur die Veränderung zum Vortagesschluss.

Diese Daten entstammen einem tatsächlichen Handelstag. Mit Fortdauer des Tages wurden noch keine Handelssignale von meiner Software gegeben. Wir schauen 29 Minuten später noch einmal auf die Daten. Ich denke, Sie wissen warum. Während der frühen Morgensitzung, wenn der Markt erste Anzeichen einer bevorstehenden Bullenbewegung zeigen hätte sollen, war kein echter Trend ersichtlich. Hier haben Sie die Daten von 10:12 A.M.

	9:43 A.M.	10:12 A.M.
ADV	613	788
USU	104-21	104-17
SPU	459.95	459.70
DECL	538	612
INDU	+5.85	+1.54
PREM	185	199
SPX	458.10	457.71
TICK	41	230
TICKI	3	-8

Was wir hier sehen ist wahrlich ein lustloser Markt — zumindest auf Grund der Zahlen, die wir zur Verwendung haben. Der Bond, S&P-Futures und Kassakurs und der Dow notieren alle geringfügig fester, jedoch absolut ohne signifikante Indikatorenbewegungen, die höhere oder tiefere Kurse vermuten lassen würden. Mit Fortdauer des

Tages wissen wir nun mit absoluter Sicherheit, dass der Markt wirklich eine kleine Verbesserung schaffte und die Käufer des S&P dementsprechend einen kleinen Gewinn verbuchten. Aber nachdem der Markt nun 40 Minuten gehandelt hat, gab es immer noch kein Anzeichen dafür, dass dieser Markt bereit für einen Anstieg wäre.

Hier haben wir es mit einem leicht bearishen Markt mit einigen unterschiedlichen Aussagen zu tun, aber nichtsdestotrotz handelt es sich gewiss nicht um einen Markt, der hoch hinaus will. Zum einen notieren die Bonds tiefer, wenn auch nur um vier Ticks. Sowohl die Anzahl der steigenden als auch der fallenden Aktien ist angestiegen, aber hierbei handelt es sich um einen normalen Vorgang, da im Laufe eines Tages das Volumen zunimmt. Der Dow und der Futures stehen tiefer. TICK und TICKI geben sich widersprechende Aussagen. Während die TICKzahl an steigenden Aktien zulegen konnte (ein bullishes Zeichen?), zeigt uns der Dow durch einen negativen TICKI, dass die Blue-Chips fallen. Wir können wirklich kein Argument finden, um den Markt zu kaufen oder verkaufen. Besser nichts tun. Schauen wir auf die Werte eine Stunde später:

	9:43 A.M.	10:12 A.M.	11:26 A.M.
ADV	613	788	1017
USU	104-21	104-17	104-20
SPU	459.95	459.70	461.30
DECL	538	612	680
INDU	+5.85	+1.54	24.00
PREM	185	199	202
SPX	458.10	457.71	459.28
TICK	41	230	166
TICKI	3	-8	4

Wir haben eine Rally, die in die Mittagsstunde reicht. So vielversprechend wie es auch aussehen mag, jetzt ist nicht die Zeit, diesen Markt zu kaufen. Zum einen stehen wir davor, in die Flaute der Mittagszeit zu kommen. Das ist der Zeitpunkt, an dem Gegentrendbewegungen auftreten können. Zweitens, die Bonds kämpfen. Der Dow zeigt sich gesund, aber das Aufgeld bleibt im Wesentlichen unverändert. Wichtig ist, dass der TICK zurückgekommen ist. Hierbei handelt es sich um ein Anzeichen, dass das Momentum des Kursanstieges sich verlangsamt.

Blicken wir noch auf eine Momentaufnahme und streichen dieses Mal die Werte von 9:43 A.M.

	10:12 A.M.	11:26 A.M.	12:08 P.M.
ADV	788	1017	1068
USU	104-17	104-20	104-17
SPU	459.70	461.30	461.15
DECL	612	680	700
INDU	+1.54	24.00	+23.38
PREM	199	202	207
SPX	457.71	459.28	459.08
TICK	230	166	141
TICKI	-8	4	2

Das ist ein Markt ohne Richtung. Traditionell stellt die Mittagsstunde eine langweilige Handelszeit dar. Im Grunde genommen waren zu diesem Zeitpunkt alle Indikatoren nahezu „tot". Bleiben Sie draußen.

So wie sich der Markt entwickelte, war die Einschätzung für den Tag richtig. Der September S&P schloss bei 460.60 und der Dow schloss 20.31 Punkte höher an diesem Tag. Nachdem die Morgenrally stattfand, konnte nur mehr wenig Geld in diesem Markt gemacht werden.

Der Kassakursindex

Hier stelle ich eine Zweifachstrategie vor, die für Sie Folgendes bringt:

- Sie hält Sie auf der richtigen Seite des Marktes
- Sie gibt Ihnen ein außerordentlich gutes Ausstiegssignal

Es ist sehr einfach. Sie beobachten den S&P Kassaindex in zufälligen Intervallen und notieren sich den Kurs. Dann vergleichen Sie den letzten Wert mit dem vorhergehenden. Wenn Sie zwei oder mehr aufeinanderfolgende Werte erhalten, die konträr zu ihrer Position sind, dann steigen Sie aus.

Uhrzeit	Kassakurs	Bezeichnung	Marktgeschehen
9:43 A.M.	457.57	–	–
9:49 A.M.	458.03*	steigend	Kauf
9:57 A.M.	458.44	steigend	–
10:12 A.M.	458.29	fallend	–
10:32 A.M.	458.37	steigend	–
11:46 A.M.	458.57	steigend	–
11:57 A.M.	458.87	steigend	–
12:09 A.M.	459.01	steigend	–
12:13 A.M.	459.09	steigend	–
12:19 A.M.	459.06	fallend	–
12:29 A.M.	458.97	fallend	Verkauf

* Bemerkung: Der Grund für den Einstieg um 9:49 A.M. würde den Rahmen dieser Diskussion sprengen.

Um zu erfahren, warum diese Strategie so gut funktioniert, fragen Sie sich: Welcher Indikator wird am sichersten die Richtung des Marktes diktieren? Der Kassakurs! Das ist auch der Grund, warum wir ihn auf diese Art verfolgen.

Die Daten in der oben angeführten Tabelle wurden einem tatsächlichen Handelstag entnommen – an einem Tag, an dem mein Lupen-System ein Kauf um 9:50 A.M. bei einem Kurs von 460.10 ergab und nachfolgend ein Verkaufssignal bei 461.00 um 12:30 P.M. Später stieg und fiel der Markt, wodurch wir vermuten könnten, dass es sich in der Tat um einen guten Ausstiegszeitpunkt aus dem Markt handelt.

Achten Sie auf die Veränderung des Aufgeldes

Zum jetzigen Zeitpunkt muss der Begriff des Aufgeldes in die Diskussion eingebracht werden. Wir wissen, dass das Aufgeld die Differenz zwischen Kassakurs und aktuellem Futureskurs darstellt. Jeder, der den S&P-Futures für einige Zeit gehandelt hat, weiß auch, dass das Aufgeld ein Wegweiser sein kann – und häufig auch ist. Wenn die Nachrichten bullish sind, kann das Aufgeld ansteigen; ebenso wird das Aufgeld rasch negativ auf einen Discount fallen, wenn eine bearishe Grundstimmung am Markt herrscht. Es gibt viele Gründe, warum das Aufgeld variiert. Aber der Punkt ist, dass der zugrundeliegende Kassaindex letztendlich entscheidet, welche Richtung der Futureskurs einschlägt. Aus diesem Grund macht es Sinn, den Kassakurs im Gegensatz zum Futureskurs zu beobachten.

Es gibt nichts Frustrierenderes, als durch zufällige Swings, die Sie erschrecken, aus einer guten Position aussteigen zu müssen. Ich betone diesen Umstand, weil ich weiß, wie leicht ein volatiles Aufgeld den typischen Trader aus dem Markt wirft.

Betrachten Sie folgendes Szenario. Einige große Händler entscheiden, die Leerverkäufer aus dem Markt zu werfen. Was tun sie? Sie beginnen einen kleinen Kaufkrieg. Ein Trader, der immer nur einen Kontrakt handelt, kann den Markt genauso leicht nach oben ziehen wie ein 100-Lot-Käufer. Sobald sie den Ball ins rollen gebracht haben, indem sie die Shorts erschreckten, ist ihr Job beendet. Die uniformierten Short-Verkäufer geraten in „Panik" und erledigen den Rest, indem sie sich überbieten und zu jedem Preis aus dem Markt gehen.

Glauben Sie nicht, dass so etwas passiert? Überlegen Sie noch einmal. In der Tat tritt das mit einer Regelmäßigkeit auf, dass ich überrascht bin, wie wenige Menschen tatsächlich Bescheid wissen. Wie können Sie, der nicht am Parkett agierende Trader, sagen, wann dieses Spiel gespielt wird? Schauen Sie auf das Aufgeld. Wenn es sich bewegt – höher oder tiefer – beobachten Sie es sorgfältig.

Erinnern Sie sich, das Augeld errechnet sich aus der Differenz von Kassa- und Futureskurs. Ein steigendes Aufgeld und ein stagnierender Kassamarkt bedeutet lediglich steigende Futureskurse. Das besagt häufig, dass der Kassakurs bald nachfolgen wird. Aber wenn nach einer oder zwei Minuten der Kassamarkt nicht steigt, dann wird der Markt von seinen Hochs wahrscheinlich zurückkommen. Wahrscheinlich fällt er noch tiefer.

Geld bedeutet alles

Leser, die mit meiner Arbeit vertraut sind, werden wissen, dass ich kein Freund von Paper Trading bin. Abgesehen von den Tests eines Handelssystems bietet Paper Trading sehr wenig, während es sehr viel verspricht. Sie können Paper traden, dabei ein Vermögen gewinnen oder verlieren, ohne dass es Sie beeindruckt. Wenn Sie aber tatsächlich einen Kontrakt handeln, ändert sich aufgrund des emotionalen Miterlebens Ihre Perspektive. Diese Erfahrung, Ihre Gefühle kennenzulernen, hilft Ihnen in den Märkten weiter. Sie kann in folgenden Situationen von großem Nutzen sein:

– Wenn ich in den Markt einsteigen will, aber mir nicht ganz sicher bin.

– Wenn ich aus einer Position aussteigen will, aber nicht ausreichend vorbereitet bin, die Order zu geben.

In beiden Fällen funktioniert es folgendermaßen: Sie gehen eine kleine Position ein, üblicherweise mit ein oder zwei Kontrakten, nur um zu sehen, was geschieht. Dann geben Sie dem Markt vielleicht fünf oder sechs Minuten – aber bestimmt nicht mehr als zehn Minuten, um die Position im Gewinn zu sehen. Glauben Sie mir, das wird Ihnen einiges über den Markt erzählen.

Ich kann mich an einen dieser Tage erinnern, an dem wirklich alles richtig lief. Ich habe knapp nach der Eröffnung im morgendlichen Trubel Bonds und S&Ps in einer bedeutenden Anzahl verkauft. Der Markt brach genau nach Fahrplan ein und ich saß auf so großen Profiten, dass ich mich fürchtete, sie zu berechnen. Typisch für diese Situation, die Angst begann sich wieder bei mir zu melden: „Gib die Gewinne nicht mehr her", sagte sie. Aber dies war war kein Tag für Ängstliche. Ich verkaufte noch einige Kontrakte zusätzlich am Tief. Prompt brach das Tief auch ein. Es handelte sich um einen fünfstelligen Zahltag. Der Punkt war, der Markt zeigte mir aufs deutlichste, dass ich richtig lag. Ich behielt meine Position.

Die andere Seite der Münze: Lernen Sie, schnell zu agieren, wenn Sie falsch liegen. Der Markt wird nicht auf ihre Entscheidung warten.

Warum funktioniert diese Strategie? Weil Reversals (Umkehrungen) unvermutet stattfinden. Weil eine von zwei Möglichkeiten eintreten kann, wenn ich short bin und der Markt gegen mich läuft. Der Markt wird entweder steigen und dort stagnieren (und vielleicht noch höher steigen) oder er wird wieder zurückkommen. Darum ist das Element Zeit wichtig. Betrachten Sie eine typische Handelssitzung auf Basis von Fünf-Minuten-Chartbalken und Sie werden sehen, was ich meine. Der größte Teil des Handels wird in der Mitte der Handelsspanne auftreten. Die Hochs und Tiefs werden üblicherweise durch einen einzigen Balken dargestellt.

Daher, um das vorhergehende Szenario zu verwenden, wenn ich short bin und der Markt gegen mich höher geboten wird (besonders, kurz nach der Eröffnung), verkaufe ich häufig noch mehr. Entweder funktioniert diese Strategie oder ich erleide einen raschen Verlust und ziehe mich zurück. Diese Strategie funktioniert auch ganz nett, wenn der Markt einbricht. Sagen wir, Sie haben eine Anzahl von Kontrakten höher verkauft und der Markt erhält einen Schlag. Lösen Sie ihre Position auf, indem Sie sich an dem tieferen Niveau einzudecken beginnen? Gut, das ist ein Ansatz. Aber was halten Sie davon, die neuen Tiefs zu shorten? Entweder hält der Markt dort oder nicht. Häufig folgen auf einen scharfen Einbruch mehr Verkäufe und die ein oder zwei Extrakontrakte stellen einen Bonus dar.

Zusammenfassung

Konzentrieren Sie sich auf besondere Indikatoren, die Ihnen einen möglichen Anhaltspunkt darüber geben, ob eine Handelsmöglichkeit gerade entsteht oder endet. Dazu gehört das, was ich als eine „Momentaufnahme" bezeichne. Ich verwende die Information, um eine Zeiteinheit mit einer anderen zu vergleichen. Der Kurs sollte in einem Bullenmarkt steigen. Und das hat für ein Trading mit einer Perspektive von 15 Minuten oder einem Ausblick von 15 Monaten Gültigkeit. Zeit und Preis. Sehr viel Zeit wird benötigt, damit ein bestimmtes Kursniveau erreicht wird. Konzentrieren Sie sich auf bestimmte Situationen:

- Verfolgen Sie Basisindikatoren und Sekundärindikatoren

- Vergleichen Sie die abgelesenen Werte während des gesamten Handelstages

73

- Beobachten Sie für kurzfristige Ein- und Ausstiegssignale den Kassakurs

- Aufgeld-"Veränderungen" sollten Sie nicht erschrocken aus dem Markt werfen

- Lassen Sie sich ihre Handelsentscheidungen durch den Ansatz des realen Geldes diktieren

- Versuchen Sie es – Sie werden bald wissen, ob Sie richtig oder falsch liegen

Wendepunkte des Marktes

Die Zeit während des Tages

Es kursiert eine vielleicht sogar erfundene Geschichte aus den 20er oder 30er Jahren über W. D. Gann, bezüglich einer Vorhersage eines bestimmten Aktienkurses. Gann behauptete, dass der Markt zu einem bestimmten Zeitpunkt genau an einem bestimmten Kurs handeln müsse. Andernfalls wäre alles, was er in seinem lebenslangen Studium gelernt hätte, nicht gültig.

Als der von ihm festgesetzte Schicksalstag kam, kooperierte die Aktie zunächst nicht, und auch mit Fortdauer des Handelstages schien es, dass sie nicht zu diesem Kurs handeln würde. Aber in den letzten Minuten einer tumultartigen Handelssitzung bewegte sich die Aktie genau auf dieses Niveau. Gann wurde bestätigt.

Geschichten wie diese kommen in Erinnerung, wenn ich über den Begriff „Wendepunkte" nachdenke. Offen gestanden, die Idee, dass Märkte zu einer bestimmten Zeit drehen, wirkt beinahe mystisch. Ich bin aber mittlerweile davon überzeugt. Ein Grund dafür? Es scheint, dass Märkte sich erst bewegen wollen, wenn eine bestimmte Zeit vergangen ist. In anderen Worten: Zeit und Preis.

Lassen Sie mich das näher ausführen. Die Länge der Zeit, die ein Futuresmarkt an einem bestimmten Kursniveau verharrt, gibt vor, ob der Markt entweder steigt oder fällt. Haben wir nicht bereits darüber gesprochen, dass Hochs oder Tiefs in der Regel rasch ausgebildet werden? Diese Extreme werden getestet (aber nur den Wenigsten gelingt es, dort ein- beziehungsweise auszusteigen), weil die Märkte eine Art von Ungleichgewicht erzwingen, das den Kurs zurück „zur Mitte" schickt. Dieser Umstand ist einer der Gründe für die Short-Eindeckungsrally, aufgrund der die in Panik geratenen Shorts (die Leerverkäufer) am Hoch kaufen, nur um dann zuzusehen, wie sich der Kurs zurückbewegt. Eine weitere Situation stellt ein neues Ein-Tick-Tief dar, welches häufig ein sicheres Zeichen dafür ist, dass sich der Markt nach oben entwickelt. Ein paradoxes Ereignis.

Der Versuch, eine sich abzeichnende Marktumkehr zu einer bestimmten (obwohl nicht jeweils der gleichen) Zeit des Tages zu bekämpfen, ist vollkommen sinnlos. Es gelingt nicht – der Fluss des Marktes kann nicht irregeführt werden. Sie können nur mit dem Fluss schwimmen, genauso wie die Gezeiten ihre Richtung ändern. Unglücklicherweise gibt es keinen „Gezeitenplan" für Marktbewegungen. Doch hierbei handelt es sich präzise um das, was unser Trading großartig verbessern kann.

Ich erklärte Ihnen, dass der Markt (S&P 500) mehr oder weniger ungehindert dazu neigt, zwischen 3:30 P.M. (Eastern Time) und dem Schluss um 4:15 P.M. einen Trend zu etablieren. Wenn folglich der Markt um 3:30 P.M. mit seinen Tiefstständen kämpft, dann könnte sich ein guter

Trade entwickeln. Oder wenn die Zeit zwischen 12:30 und 2:00 P.M. eine Zeitspanne darstellt, in der die Hochs des Tages wahrscheinlicher auftreten? In der Tat weist der Markt mit guter Beständigkeit Zeitmuster auf. Aber sie sind nicht so einfach, als dass man sagen könnte, um 1:00 Uhr sollten Sie kaufen und um 2:00 Uhr verkaufen. Dieser Ansatz ist zu streng. Die Art, darüber nachzudenken, ist eher die: „Wenn der Markt eine Stunde und vierzig Minuten gestiegen ist und während dieser Zeit 240 Punkte an Wert gewonnen hat, wie groß sind die Chancen, dass er dreht, bis zu welchen Ausmaß wird er fallen und – am wichtigsten – wann?" Gute Frage.

Fragen wie diese sind es wert, darüber nachzudenken und sie zu bearbeiten. Erinnern Sie sich an mein Konzept des paradoxen Ereignisses? Gut, wenn der S&P Markt zum Beispiel um 50 Punkte angestiegen ist, ist es eine Sache; ein Anstieg von 300 oder 400 Punkten ist aber immer ein ganz neues Spiel. Das paradoxe: Märkte werden noch bullisher, während sie steigen; und natürlich noch bearisher, wenn sie fallen. Mit anderen Worten: Sie sind besser beraten, neue Hochs an einem Tag in einem steigendem Markt zu kaufen, als wenn er sich in einem trendlosen Zustand befindet. In der Tat liegen aussichtsreiche Trades dann vor, wenn neue Hochs in einem festen Markt gekauft werden. Aber der Punkt ist der, diese sicheren, wenn auch schwierigen Trades sind jene, die die meisten Menschen scheuen. Sie handeln gegen die herkömmliche Weisheit. Nebenbei gesagt ist das der exakte Grund, warum nicht einer von vielleicht einem Dutzend Personen, die mich am 4. Februar 1994 anriefen, eine Shortposition, an dem Tag im Markt hatten, als der S&P einen Einbruch von über 1000 Punkten vollzog. Sie hätten ihn mit 500 Punkten an diesem Tag nach unten verkaufen und dabei ein Vermögen machen können.

Die Zeit war reif für einen Markteinbruch. Fragen Sie mich nicht warum. Aber es ist so.

Zwei solide Gelegenheiten am Tag

Leser, die dieses Buch in der Absicht gekauft haben, um einige gute Regeln zu lernen, wie der S&P zu handeln ist, fühlen vielleicht, dass Sie sich einem Abgrund nähern. Sicherlich muss diese Diskussion über Zeit und Preis einer Art glitschigem Abhang ähnlich sein, da Kassakurs, Aufgeld, Dow, steigende und fallende Aktien zusammen eine Rolle spielen, um die Antwort zu finden. Wohin wird der Markt sich bewegen? Aber es ist nicht so schwierig.

Zum einen wissen wir, dass die Wahrscheinlichkeit einen Frühmorgens- und Nachmittagstrend begünstigt. Wenn Sie also jeden Handelstag in zwei Teile gliedern, können Sie bereit sein, wenn die Chancen sich bieten. Hier haben Sie eine gute Regel: Wenn die Gelegenheit auf Zeit und Preis basiert, zögern Sie nicht. Ich würde lieber Geld verlieren, als einen Trade zu verpassen, weil ich zögerte, eine Position einzugehen. Wie oft läutet das Telefon, und der Anrufer erklärt mir, dass er Probleme hat, den Trade einzugehen. Es fällt leichter, wenn Sie gelernt haben, es ohne Zögern zu tun. Erinnern Sie sich, dass ein Drittel der Gewinne im Futuresmarkt aus einem guten System hervorgehen und die anderen zwei Drittel psychologischer Natur sind. Trading bedeutet Krieg. Sie müssen auf den finanziellen Kampf vorbereitet sein.

Ich kann mich an einen meiner ersten Tage als Parketthändler erinnern. Der Markt schwankte wild, um die Stops von Käufern und ebenso von Verkäufern auszulösen. Es war keine angenehme Aussicht.

„Du weißt", sagte der Händler neben mir, „wir nehmen hier unten keine Gefangenen."

Klar, es gibt kein sichere Sache. Die „wahren" Bewegungen treten häufig dann auf, wenn Sie sie nicht erwarten und folgen möglicherweise unmittelbar auf drei oder vier Tage langweiliger Marktperformance.Häufig treten die wahren Bewegungen am Ende eines Trends auf.

Was sind die Regeln, um aus diesen zwei markanten Möglichkeiten Gewinn zu schlagen? Hier sind einige:

- Folgen Sie einem gut ausgearbeiteten System
- Handeln Sie nicht zu häufig und mit zu großem Risiko (Day Trading bedeutet nicht, jeden Tag zu handeln)
- Handeln Sie rasch – oder überhaupt nicht
- Kennen Sie Ihr Gewinn/Verlust-Verhältnis, die Parameter Ihres Handelssystems
- Fügen Sie zu Ihren Einstiegen Überlegungen hinzu (dann, wenn Sie verlieren, verlieren Sie weniger; wenn Sie gewinnen, dann gewinnen Sie mehr)
- Erinnern Sie sich, dass Ihre psychologische Verfassung zwei Drittel des Spiels ausmacht.

Da jeder Tag anders ist, kann ich Ihnen keine strengen Regeln geben, die in jeder Situation Gültigkeit haben. Aber ich kann ihnen sagen, dass die Anhäufung einer Serie von Marktgeschehen eine Möglichkeit für eine vernünftige Einschätzung der Richtung und des Zeitpunktes einer Bewegung ergeben.

Eine einfache Illustration: Der Markt bewegt sich eine Stunde lang in einer Range von 1 $1/2$ Punkten auf und ab. Wohin wird er gehen? Vielleicht nirgendwohin. Aber wenn es passiert, fragen Sie sich: Wo liegen die Stops? Dort befindet sich das Geld und dorthin will jeder Parketthändler wie auch jeder andere Trader, der etwas auf sich hält, den Markt bringen. Es handelt sich um keinen Zufall, wenn Ihr Stop beim Tief des Tages ausgelöst wird und Sie am Tief verkauft wurden. Sie wedeln mit dem roten Tuch. Die am Parkett können Sie sehen.

OK, und sobald der Stop erreicht wurde, wird der Markt vielleicht drehen, um unverändert für den Tag zu schließen. So funktionieren diese Märkte.

Wir haben über das paradoxe Ereignis gesprochen, das beinahe auf jede Eröffnung folgt. Der Markt steigt und wird tiefer gedrückt, oder vice versa. Es ist bemerkenswert, herauszuarbeiten, dass die Phase, die die beste Gelegenheit darstellt, relativ kurz ist. Entweder handeln Sie gegen das paradoxe Ereignis oder Sie jagen dem Trend den ganzen Tag hinterher – normalerweise dann zu beträchtlich höherem Risiko. Bis Mittag wurde bereits schon einiges gutes Geld verdient und es wird für die Gewinner Zeit, auf die Seitenlinie auszuweichen. Häufig wird eine Gegenbewegung während dieser Zeit auftreten. Am Nachmittag wird dann wahrscheinlich ein guter Trend entstehen und erlaubt Trendfolgern, einige nette Gewinne einzusacken. Das sind die groben Umrisse.

Die Wendepunkte finden

Der richtige Zeitpunkt, gepaart mit rudimentärem Wissen über das Kursverhalten kann ein wertvolles Werkzeug zur Entdeckung von Marktwendepunkten darstellen. Hier sind einige Anzeichen

- Eine rasche Marktrally oder ein Einbruch, die oder der wieder abbricht.
- Ein neues Hoch oder Tief von ein, zwei oder drei Ticks.
- Eine Bewegung im Anleihenmarkt von mehr als acht Ticks gegen den S&P Trend.
- Ein Durchbruch durch ein Bollinger Band.
- Ein scharfer Anstieg im Handelsvolumen.
- Ein dünner Markt, der die Stops angreift.
- Ein „fallender" Markt, der nicht weiter fallen kann, oder ein „steigender" Markt, der nicht mehr höher steigen kann.

Die Handelszeit ist so entscheidend, dass jeder S&P 500 Händler sie berücksichtigen muss, wenn er eine Position eingeht.

Das bedeutet, wenn Sie die erste Gelegenheit verpasst haben – nämlich den Morgentrade – sind Sie besser beraten, auf den Nachmittag zu warten, bevor Sie

81

einen weiteren eingehen. Abgesehen von den Verlusten ist es eine der frustrierendsten Erfahrungen, einen Trade in einem toten Markt einzugehen. Nun haben Sie das gesamte Risiko und keine Gelegenheit zu handeln. Und aus solch einem Markt auszusteigen, kann sich schwierig gestalten. Eine Market-Order garantiert ihnen oftmals nur eine schlechte Ausführung. Erinnern Sie sich, dass niemand gezwungen ist, die Gegenseite eines Trades einzugehen. Sie werden das nur tun, wenn Sie glauben, dass etwas für Sie zu holen ist. Hier werden Ihre schlechten Ausführungen zu guten Ausführungen für die Parketthändler.

Timing des Ausstiegs

Wie Sie erkennen können, wann die Bewegung vorüber ist

Es gibt viele Theorien, die dieses Thema behandeln – Durchbruch durch Gann-Linien, Elliot Wellen, Zyklentheorie, Durchbruch durch Kanäle und Trendlinien. Immer wieder reduziert sich alles auf die Begriffe Zeit und Preis. Wenn der Markt von Kurs A nach Kurs B in x Zeiteinheiten marschiert, kann er vielleicht noch bis Kurs C gelangen. Bezeichnenderweise haben wir eine Kursprojektion für jede Bewegung. Daher gibt unsere Projektion nicht nur den Kurs vor, sondern auch, wann er dort hinkommen soll. Dementsprechend wissen wir, wenn er daran scheitert, an den projizierten Preis innerhalb eines bestimmten Zeitraumes zu gelangen, dass die Bewegung vorüber ist.

Zeit, signifikante Kursunterstützungen und Widerstandsniveaus stellen zwei Schlüsselfaktoren für die Entscheidung dar, ob eine Bewegung zu Ende ist. Unsere Computerstudien beweisen, dass mehr als 55% der Wendepunkte an bestimmten Schlüsselzeiten auftreten.

Mehr noch: 66% aller Marktbewegungen enden oder drehen an wichtigen Unterstützungs- oder Widerstandsniveaus. Eine umfangreichere Diskussion dieser wichtigen Zeit- und Preisfaktoren überschreitet den Rahmen dieses Berichtes. Wie auch immer, wenn wir wissen, wann und auf welches Kursniveau wir achten müssen, dann können wir den Markt viel, viel besser „lesen".

Zusammenfassung

Die wichtigen Swings im Markt zu finden, stellt den Schlüssel für Day-Trading-Profite dar. Diese Wendepunkte sind in erster Linie bestimmt durch zwei Faktoren: Zeit und Preis. Die Zeit, die benötigt wird, um ein bestimmtes Kursniveau zu erreichen, ist signifikant – genauso ist es mit der Verweildauer, die der Markt an oder nahe eines Unterstützungs- oder Widerstandsniveaus verbleibt. Unser Research hat viele sauberere Trends zu bestimmten Zeiten eines Handelstages herausgefunden – nämlich am frühen Morgen und am späten Nachmittag. Hier nochmals einige Vorschläge:

– Bemühen Sie sich, die Morgen- und Nachmittagstrends einzufangen

- Versuchen Sie die Zeiten genau festzustellen,
  wenn die Richtung im Markt sich ändert (die
  Mittagsstunde (12 Uhr) ist ein guter Anhaltspunkt)

- Verfolgen Sie die Länge der Zeit, die der Markt
  benötigt, um zu steigen oder zu fallen

- Suchen Sie nach Anzeichen einer bevorstehenden
  Marktumkehr – schnelle Marktbewegungen,
  hohes Volumen, Stop auslösende Bewegungen

- Lernen Sie Kursvorhersagen zu machen – und
  handeln Sie danach!

Das psychologische Spiel

Alle lieben den Gewinner.

Letztes Jahr stattete ich Las Vegas einen meiner seltenen Besuche ab. Ich wollte mich amüsieren und aus meiner jahrelangen Erfahrung in den Futuresmärkten Kapital schlagen. Sogar das Spiel mit den schwarzen 100-Dollar-Chips an den Würfeltischen war für jemanden ein relativ geringer Einsatz, der routinemäßig ein Mehrfaches von 500.000 Dollar S&P-Kontrakten kauft und verkauft.

Meine Gewinnstrategie war wirklich einfach. Erkenne den Trend, wenn das Spiel heiß ist, reite den Trend, schnappe das Geld – und steig aus! Was könnte einfacher sein? Dennoch erzeugte dieser anscheinend ungewöhnliche Ansatz einen großen Rummel am Tisch und wurde von mehr als nur einem Tischchef beobachtet.

Bevor die erste Nacht zu Ende war, war ich auf Du und Du mit den Tischchefs, den Groupiers, und den Cocktailserviererinnen. In der zweiten Nacht gab Barney, der Tischchef, seinem Mann die Instruktion, „Gib George was immer er will."

Dass jemand mit mehr Geld Las Vegas verließ, als er dabei hatte, muss ein sehr seltenes Ereignis sein.

Ich bin überzeugt, dass sie sicher waren, es ist nur eine Frage der Zeit, bevor ich das Geld wieder verliere. Fakt ist, dass ich die Stadt mit Tausenden von Dollar Gewinn verließ.

Zuerst schrieb mir das Kasino Briefe und schlug mir eine Rückkehr vor. Dann boten sie mir ein Zimmer an. Als nächstes ein Flugticket und ein Zimmer. Ich vermute, dass das nächste Angebot eine Limousine gewesen wäre. Ich bin aber bislang nicht wieder zurückgekehrt.

Ein Gewinnspiel spielen

Sie sehen, das Kasino weiß, dass ihre Klientel ein Spiel spielt, welches letzen Endes der Kunde nicht gewinnen kann. Die Wahrscheinlichkeit liegt auf der Seite des Kasinos. In den Futuresmärkten spielen Sie aber ein Spiel, das Sie gewinnen können, weil Sie die Prozente ungleich zum Casinospiel auf Ihre Seite bringen können. Das macht die Futuresmärkte für diejenigen so enorm profitabel, die wissen, was sie tun! Die Wahrscheinlichkeit auf Gewinne ist höher, wenn Sie ein getestetes erfolgreiches System verwenden, das einen profitablen „Trackrecord" aufweist. Sogar dann gibt es noch Gründe, warum einige Trader gewinnen und andere verlieren.

Jede Diskussion über Day Trading führt unvermeidlich zur Psychologie des Traders. Geben Sie das gleiche

mechanische System an zehn verschiedene Trader und Sie
werden zehn unterschiedliche Ergebnisse erzielen.

Während ich der festen Überzeugung bin, ein gut
untersuchtes profitables System zu verwenden, glaube
ich auch, dass Sie als Händler die Person sind, die entscheidet, ob Sie im Markt Erfolg haben. Was sind die
wichtigen psychologischen Qualitäten?

Überzeugung

Der Glaube daran, das Spiel gewinnen zu können, ist am
Wichtigsten. Überzeugung. Ein Weg, auf dem Sie Sicherheit erlangen können, besteht in einem profitablen System. Das wird es ihnen ermöglichen, weiter zu handeln,
trotz der unumgänglichen Drawdowns.

Nach Verlusten (und wenn Sie Futures handeln,
werden Sie Verluste erleiden) müssen Sie immer weiter
handeln wollen. Gewinne und Verluste haben die Neigung, in Zyklen aufzutreten. Wie die Nacht auf den Tag
folgt, folgen Gewinnzyklen auf Verlustzyklen. Wenn Ihr
System (und ich meine, dass jeder in irgendeiner Art ein
System haben muss, egal wie rudimentär es ist) profitabel ist, dann werden die Gewinne die Verluste übersteі-
gen. Weil der größte Teil der Handelsgewinne typischerweise an relativ wenigen Tagen gemacht wird, müssen
Sie im Markt an jenem Tag präsent sein, an dem   Profite
auftreten. Das klingt einleuchtend, aber Sie werden überrascht sein, wie viele Händler sich in Wartestellung befinden, obwohl sich ein großer Gewinntag entwickelt.

Warum? Weil die letzten drei oder vier Verlusttage Sie an der Gültigkeit ihres Handelsansatzes zweifeln ließen.

Realismus

Zweitens müssen Sie realistisch sein. Wissen Sie, wie sich ihr Kapital vermehrt? Ich weiß es. Ich bereite mich auf diese gelegentlichen großen Gewinntage vor, von denen ich weiß, dass sie in meinem System auftreten werden. Den Rest der Zeit gewinne ich ein bisschen und verliere ein bisschen. Es ist naheliegend, dass ich es vorziehe, jeden Tag diesen großen Gewinntag zu haben. Aber realistisch betrachtet, ist das nicht möglich. Der wichtige Punkt ist: Sie brauchen nur einige gute Tage in einem Monat, um viel Geld zu machen.

Lassen Sie mich Ihnen ein Beispiel geben. Kürzlich hatte ich einen 17.000-Dollar-Gewinntag, der unmittelbar auf zwei Tage mit jeweils 12.000 Dollar folgte. Ungefähr vier Wochen später hatte ich einen 18.000-Dollar-Gewinntag. Daher resultieren meine Gewinne. Den Rest der Zeit gewinne ich 1.000 Dollar und verliere 1.000 Dollar. Nicht einmal in einem schlechten Zyklus mit Verlusten werde ich zulassen, dass die Verlusttrades in eine Größenordnung ähnlich der großen Gewinne gelangen – auf keinen Fall, was auch geschieht. Darum dreht sich das gesamte Money Management.

Sie müssen die zugrundeliegende Statistik des Systems, das Sie handeln, verstehen. Was ist das Gewinn/Verlust-Verhältnis? Was ist der maximale Drawdown? Wie groß ist die Anzahl der aufeinanderfolgenden Verlusttrades? Wenn Sie solche Parameter zur Verfügung haben, haben Sie eine realistische Vorstellung davon, wo Sie stehen. Wenn Sie drei Tage in Folge 50 Punkte verlieren und dann zwei Tage mit 200 Punkten Gewinn verzeichnen, dann haben Sie ein profitables System. Am dritten Tage des Verlustzyklus sind Sie nicht bereit aufzugeben. Das ist Realität und folgerichtige Handelspsychologie.

Einige Menschen würden es sicher vorziehen, den Ausblick auf Verluste zu ignorieren. Gelegentlich habe ich Leute getroffen, die mich fragten, warum ich überhaupt über Verluste spreche. Handelt es sich dabei nicht um eine negative Denkweise. Kaum. Sie können mit etwas nicht umgehen, das Sie nicht kennen. Wenn Sie darüber nachdenken, dann haben Sie vollkommene Kontrolle über Ihre Verluste. Realisieren Sie sie rasch und sie werden niemals zu großen Verlusten. Es ist bei weitem viel wichtiger, den Feind und seine Möglichkeiten zu verstehen. Die Gewinne, glauben Sie mir, kommen von selbst. Es überrascht mich nicht, dass jene Personen, die am liebsten das Verlustrisiko minimieren, genau jene sind, die Ihnen über wahrhaft große, karrierebeendende Verluste erzählen. Deren Grundhaltung: wie kann mir das nur passieren? Antwort: Sehr leicht. Seien Sie Realist.

Seien Sie sich dem Mythos rund ums Futurestrading bewusst. Große Gewinne sind leicht. Wahrscheinlich werden 80% Ihrer Mitanfänger in sechs Monaten nicht mehr traden. Lernen Sie zu überleben. Das ist Ihre einzige Chance, die Sie haben, um wirklich im Markt

Erfolg zu haben. Ansonsten werden Sie wie Tausende Andere sein, die es versuchten, dann scheiterten und das Trading aufgaben.

Welche anderen psychologischen Qualitäten brauchen Sie für das Trading?

Ihre Einstellung zum Geld ist entscheidend dafür, ob Sie in diesem Wettbewerb gewinnen oder verlieren. Ich habe noch niemanden kennengelernt, der vom Geld besessen ist und im Markt bestehen konnte. Das Geld ist viel zu wichtig für diese Personen; sie können nicht das nötige Risiko eingehen, um zu gewinnen. Sie müssen Geld respektieren, aber nicht zu sehr an die Vorstellung gebunden sein, Geld zu haben, egal was kommt. Idealerweise sollte Trading Spaß bereiten. Und glauben Sie mir, es ist für Menschen, die gelegentlich nicht verlieren können, kein Spaß. Wenn Sie mit Verlusten richtig umgehen, werden Sie sich alle innerhalb einer zu bewältigenden Bandbreite bewegen. Das bedeutet, dass Sie über ausreichend Kapital verfügen und nicht eine Position eingehen, in der Sie sich nicht wohl fühlen. Ich habe noch nie jemanden gewinnen gesehen, der um jeden Preis den Markt schlagen wollte. Die Gewinner neigen dazu, freigiebige, leichtlebige Menschen zu sein, die den Prozess des Trading genießen, ihn als eine unglaubliche Herausforderung betrachten und Spaß daran haben, Risiken einzugehen.

Der ideale Kandidat ist natürlich derjenige, der mit seinem Leben zufrieden ist und der es mit echter Herausforderung bereichern will. Das Trading hat zumindest eine unvergleichliche Eigenschaft. Es gibt den

Gewinnern eine Gelegenheit, moderates Kapital in spektakuläre Gewinne zu verwandeln. Welche Herausforderungen, seien sie finanzieller oder anderer Art, bieten solche Chancen?

Zu häufig sieht der Tradingneuling nur die außergewöhnlichen Gewinne, und sonst nichts. Er verurteilt sich selbst schon zu Beginn zum Scheitern, weil er nicht auf das vorbereitet ist, was er tut. Nicht allzulange ist es her, dass ich einen Brief von jemandem bekam, der den S&P Futures-Kontrakt handeln wollte (gegenwärtig mit ca. 300.000 Dollar bewertet), sich aber keinen Computer leisten konnte. Wirklich? Warum wollte er den S&P handeln? Aber mit zu wenig Kapital ausgestattet sein, stellt nur ein Problem dar. Das wirkliche Problem besteht in unrealistischen Vorstellungen.

Auf meinem Trip nach Las Vegas, den ich vorher erwähnte, beobachtete ich eine Menge an schlechter Psychologie. Sie hätten die gleichen Spieler um zehn Uhr morgens an den Tischen sehen könne, wie Sie sie auch schon um zwei Uhr in der Früh dort spielen sahen. Overtrading (zu viele Kontrakte bei zu kleinem Konto)? Dort waren Spieler, die die Zahlen zu „zwingen" versuchten, ihre Gewinne immer wieder auf die selbe Zahl setzten, bis zu einem unrealistischen Niveau. Das ist ein psychologisches Verhalten, das nahe legt, dass Sie sich nicht innerhalb realistischer Vorstellungen bewegen. Keine guten Voraussetzungen, um zu Gewinnen.

„Ich muss jeden Tag Geld machen"

Ich hatte einen Klienten, der mir erklärte, dass er jeden Tag Geld machen müsse. Das ist damit vergleichbar, ein Geschäft zu betreiben, ohne die Kehrseite der Ausgaben zu beachten – Löhne von Angestellten, Inventarkosten, und andere. Das war ein Anfänger ohne Erfahrung. Wenn die Parketthändler Verlusttage verzeichnen und das als Teil des Geschäfts akzeptieren, wie können Amateure erwarten, fehlerfrei zu handeln, und keine Verluste durchstehen zu müssen? Offengestanden, ich weiß es nicht. Ich kannte einen Trader, der sich rühmte, nie einen Verlust zu machen. Aber im Wesentlichen war er ein Ein-Kontrakt-Händler, der einen Tick mitnahm, wann immer er einen mitnehmen konnte und einen Tick Verlust sofort eindeckt. Machte er Geld? Sicher. Aber ich weiß nicht, ob ich ihn beneide. Kleine Gewinne, sogar über viele Jahre, ergeben ein geringes Einkommen. Auf der anderen Seite des Spektrums habe ich Millionäre als Händler gesehen, die sich im Markt behaupteten. Aber Sie wiesen alle große Verlusttage auf. Wie groß? Gut, ich habe Händler gekannt, die an einem Tag siebenstellige Dollarbeträge verloren – über eine Million Dollar. Gesamt betrachtet, waren Sie immer noch profitabel.

Ihre eigene persönliche Psychologie wird Ihren Handelsstil diktieren. Gewinner besitzen alle einen persönlichen Handelsstil, der genau ihrer eigenen Persönlichkeit entspricht. Sie finden eine Nische, in der Sie sich wohl fühlen. Viele entdecken Day Trading als Handelsform, die einen individuellen Weg gestattet.

Unerfahrenheit geht Hand in Hand mit unrealistischen Erwartungen. Also, wenn Sie noch nie gehandelt haben, schlage ich vor, dass Sie es versuchen. Sie wissen sehr rasch, ob Sie dafür geeignet sind. Vor einigen Jahren rief ein Freund von mir an und erklärte mir, dass er nach langem Studium schließlich seinen ersten Trade eingegangen ist. Er konnte dem Druck nicht standhalten. Kein Problem. In seinem Beruf war er ein Experte und genoss ein ausgezeichnetes Leben. Trading ist aber nicht jedermanns Sache. In der Tat wird in diesem Spiel nur die Minderheit wirklich reich.

Es gibt einen direkten Zusammenhang zwischen dem Mangel an Marktwissen und der Fähigkeit, sich selbst in die Irre zu führen. Ich kenne niemanden mit grandiosen Ideen, der jemals Geld im Markt verdiente. Je mehr Sie glauben, zu „wissen", desto größer ist die Chance, dass Ihnen die Quittung präsentiert wird. Der Markt toleriert mit Freude Dummköpfe. „Wenn Sie nicht wissen, wer Sie sind," lautet ein altes Sprichwort, „ist der Markt ein teurer Platz, um sich selbst zu finden".

Nun, was ist eine gute psychologische Basis für den Möchtegern-Trader? Wie wärs damit: Haben Sie Spaß. Das ist überhaupt das beste Maß für eine Gewinnstrategie, das ich mir vorstellen kann.

Zusammenfassung

Zwei Drittel Ihres Erfolgs beruht auf Psychologie. Das andere Drittel stellt das profitable System dar, das die

Wahrscheinlichkeit auf ihre Seite bringt. Sie sind der einzige, der feststellen kann, ob Day Trading (oder Trading im Allgemeinen) für Sie geeignet ist. Während einige Menschen eindeutig ungeeignet dafür sind, sind viele andere bereit für diese Herausforderung. Für diejenigen sage ich Folgendes: Die Kehrseite ist, wenn Sie nicht erfolgreich sind, werden Sie ein wenig Geld verlieren und durch den Markt bezwungen werden. Die angenehme Seite ist, dass Sie vielleicht Trading als spannend und gewinnbringend entdecken. Hier sind einige der wichtigsten psychologischen Punkte:

- Vertrauen
- Ein realistischer Standpunkt
- Sie können Geld gewinnen und verlieren
- Sie genießen die Herausforderung
- Sie verstehen Fehler
- Sie besitzen einen Überlebensinstinkt

Der Lupen-Ansatz

Der „Lupen-Ansatz" konzentriert sich auf besondere Marktphänomene für kurze Zeit. Er versucht die herausragenden Marktindikatoren Zeit und Preis zu verbinden, um den Entwurf einer Kurskurve zu geben. Während wir diese Indikatoren in Omegas exzellenter Software „TradeStation" programmiert haben, um die Signale zu erhalten, sollten auch die Nicht-TradeStation-Besitzer einen Nutzen aus dem Beobachten der korrekten Indikatoren zur richtigen Tageszeit ziehen können.

Sie müssen wissen, dass dies äußerste Konzentration verlangt. Beinahe jede Art von Ablenkung – ein Telefonat, eine Kaffeepause, was auch immer – kann der Grund sein, dass Sie das wichtige Signal komplett verpassen, kurz bevor der Markt abhebt oder seine Richtung ändert. Ich bin in der Tat überzeugt, dass das Vermögen, sich zu konzentrieren, ein Schlüsselfaktor für erfolgreiches Trading darstellt.

Konzentrieren wir uns auf einen einzigen Indikator, indem wir die Lupe auf das Aufgeld richten. Wir verwenden einen Tag, an dem der Trend nicht klar ist, der

Markt jedoch, anzusteigen scheint. Sagen wir, dass das Aufgeld dies widerspiegelt, indem es einen Wert größer als der 10-Tage-Durchschnitt aufweist (lernen Sie, die durchschnittlichen Werte zu verfolgen, so dass Sie wissen, wann ein bestimmter Wert höher oder tiefer als normal steht)

Wenn der Zeitpunkt während des Tages korrekt ist – nämlich kurz nach der Eröffnung – könnten Sie sehr gut die Basis für einen Kauf des Marktes vorfinden. Ich betone das Wort „könnten", weil andere Faktoren noch involviert sind. Aber zumindest schauen Sie auf einen wichtigen Wert.

Fragen Sie sich: Geht hier etwas von Bedeutung vor? In der Tat, was heißt ein hohes Aufgeld zu dieser Zeit des Tages wirklich? Vielleicht gefällt den Käufern der Markt. Wird er im Vorfeld eines Kursanstiegs immer höher geboten? Sie wollen einsteigen. Darauf müssen Sie sich konzentrieren, um herauszufinden, was genau vor sich geht.

Dann, wenn Sie den Markt weiter beobachten, bemerken Sie, dass das Aufgeld sogar dann gleich bleibt oder steigt, wenn der Kassakurs zurückkommt. (Ein fallender Kassakurs und ein gleichbleibender oder steigender Futureskurs würden ein höheres Aufgeld erzeugen, ein sicheres Zeichen für bullishes Verhalten). Nun konzentrieren Sie sich auf den Wert des Aufgeldes (ich halte das Aufgeld sowohl als Linienchart als auch als Zahl auf meinem Quotescreen fest) – und Sie fangen an, zu denken, vielleicht will sich der Markt nach oben arbeiten.

Wenn sich dies in den ersten 25 Minuten des Handelstages ereignet, befinden Sie sich vielleicht an einem kritischen Zeitpunkt. Der Zug steht kurz davor, den Bahnhof zu verlassen. Entweder beginnt der Kassakurs an Boden zu gewinnen und der Futures steigt an, oder das Gegenteil wird auftreten – das Aufgeld sinkt und der Kassakurs und der Futureskurs fallen.

Sogar eine subtile Veränderung kann auf einen nahe bevorstehenden Ausbruch hinweisen. Eine Rückkehr des Aufgeldes in eine normale durchschnittliche Range oder kleiner als die durchschnittliche Range kann einen bevorstehenden Ausbruch bedeuten. Typischerweise wird er rasch auftreten. Sie bemerken, dass das Aufgeld zu rutschen beginnt. Der Kassakurs könnte hier stationär bleiben, und das Absinken kann durch einen fallenden Futures ausgelöst werden. Aber nun halten die Verkäufer die Zügel des Marktes in der Hand. Und die vorhergehende bullishe Stimmung, die durch das feste Aufgeld angezeigt wird, droht in eine bearishe Verfassung umzudrehen und vielleicht sogar ein Abschlag im Markt zu werden. Es besteht die Chance, dass das verräterische Absinken des Aufgeldes einen Ausbruch auf tiefere Kurse signalisiert.

Als ein Möchtegern-Verkäufer in diesem Markt, müssen Sie rasch handeln oder überhaupt nicht mitspielen. Typisch dafür, das Hoch hat sich bereits gebildet und der Einbruch steht bevor.

Sie werden das nicht erkennen können, wenn Sie nicht darauf achten und wenn Sie nicht wissen, wonach Sie suchen. Die wahren Anhaltspunkte für Kursbewegungen treten kaum sichtbar auf, bevor die Bewegung bekannt ist.

Analysten unterscheiden sich in der Auswahl der Indikatoren. Aber es ist meine Überzeugung, dass sogar ein einfacher Barchart Ihnen erklären kann, wie die Bewegung aussieht, n a c h d e m sie stattgefunden hat. Das Problem ist, dass jeder die Situation kennt, n a c h - d e m der Sachverhalt geklärt ist. Darum erscheint Futurestrading so einfach. Aber Sie müssen die Umkehr sehen, bevor sie zur Gewissheit wird, und anschließend müssen Sie auf Grund dieses Wissens handeln, um Gewinne zu machen. Um das tun zu können, müssen Sie sich auf die wichtigen Marktbewegungsfaktoren konzentrieren.

Was ist ein Trade mit hoher Wahrscheinlichkeit?

Der Lupen-Ansatz versucht aus diesen Situationen Kapital zu schlagen, wenn die Wahrscheinlichkeit ihren Erfolg begünstigt. Zum einen bedeutet das, den Markt in ca. 80% der Zeit zu ignorieren – weil nicht alle Parameter richtig sind. Klar werden Sie einige scheinbar gute Bewegungen verpassen, wenn Sie auf diese Filter bestehen. Aber sind dies echte? Ich glaube nicht.

Das Zeitfenster der Gelegenheit für diese Trades kann vielleicht 15 Minuten sein – wenn Sie Glück haben. Meist reden wir von ungefähr fünf Minuten oder weniger. Daher dürfen Sie nicht zögern, wenn sich ein Signal generiert. Es ist nicht lange her, als ich eines dieser überaus sicheren Signale 40 Minuten vor Handelsschluss erhielt. Sofort griff ich zum Hörer und verkaufte neun S&P-Kontrakte am Markt.

„Sie halten Sie nicht über Nacht?" fragte der Broker.

„Nein", erklärte ich ihm, „ich werde zum Handelsschluss aus dem Markt sein."

Er hatte keine Ahnung, warum ich so spät an diesem Handelstag verkaufte. Der Markt verhielt sich ruhig.

Aber nur wenige Momente später, genau dem Fahrplan entsprechend, brach der Markt wie ein Felsen ein. Als ich zum Handelsschluss wieder raus ging, hatte ich einige tausend Dollar an Gewinn.

Die nicht gestellte Frage: Wie wusste ich, dass jetzt zu verkaufen ist? Das ist mein Standpunkt: Um in den Futuresmärkten Gewinne zu machen, müssen Sie jene Trades eingehen, deren Gewinnpotential zu dem Zeitpunkt nicht ersichtlich sind. Es gibt keinen anderen Weg, um beständig langfristig Day-Trading-Gewinne zu machen. Wenn Sie die Kommission verdienen, den Vorteil auf ihrer Seite, und die reine Marktperversität für sich haben, besteht der einzige Weg, um zu gewinnen, darin, die Position voll auszureizen.

Die Kehrseite dieses Ansatzes ist, dass diese Gelegenheiten, wenn alle Ihre Lieblingsindikatoren passen, relativ selten auftreten. Wenn Sie drei oder vier innerhalb einer Woche haben, haben Sie Glück. Aber wirklich, wie viele gute Trades brauchen Sie in einer Woche, um signifikant Geld zu verdienen. Ganz besonders dann, wenn Ihnen eine hohe Gewinnwahrscheinlichkeit das Vertrauen gibt, groß abzusahnen.

Vergleichen Sie das mit dem Verhalten von unerfahrenen Händlern, die immer viel handeln und konstant gewinnen wollen. Glauben Sie mir, um die guten Handelsmöglichkeiten zu finden, müssen Sie hart arbeiten.

Ich werde häufig von weniger erfahrenen Händlern überrascht, die glauben, der Markt versorgt sie mit ausgezeichneten Gelegenheiten. Und wenn die unvermeidlichen Rückschläge auftreten, sind Sie die ersten, die ein vernünftig gutes Handelssystem abstoßen. Nur der weise Händler wird dieses eine gute Werkzeug, diesen einen guten Indikator, oder nur diese feine Nuance des verbesserten Handelns erkennen, die Zehntausende von Dollar wert sein kann. Immerhin hat der erfahrene Trader alle einfachen Systeme ausprobiert. Er weiß, wie schwierig es ist, zu gewinnen. Er erkennt eine Gewinnstrategie

Nochmals, wir sprechen über realistische kontra unrealistische Erwartungen. Ich könnte immer weiter so fortfahren.

Zusammenfassung

Der Lupenansatz schießt eine Momentaufnahme, vergrößert sie, analysiert sie – und generiert vielleicht oder vielleicht auch nicht ein Handelssignal. Es gibt viele, viele Faktoren, die sich außerhalb des Bereiches dieser Diskussion befinden, die zu einer dramatischen Verbesserung Ihres Trading beitragen können. Mehr noch, wenn das S&P Futures-Trading zu viel für Ihre Nerven ist, werden Sie erkennen, dass viele dieser Regeln in anderen Märkten auch Gültigkeit aufweisen, wie etwa in den Anleihen oder Währungen. Der Punkt ist, dass Sie eine Perspektive und das Verhalten eines Gewinners brauchen, um in dieser herausfordernden Umgebung zu gewinnen. Hier haben Sie noch einige Punkte zur Erinnerung:

– Lernen Sie, einen methodischen Ansatz im Markt zu verfolgen

– Suchen Sie die „versteckten" Indikatoren – Sie werden niemals Geld verdienen, wenn Sie der Masse folgen

– Der Zeitpunkt ist wichtig, wann Sie eine Order geben

– Gewinne sind nur für wenige möglich – lernen Sie, sie rasch zu ergreifen

– Zögern Sie nicht – verpasste Gelegenheiten demoralisieren

- Konzentration ist wichtig

- Halten Sie sich von langweiligen Märkten fern –
  vermeiden Sie Mittagsstunden

- Verwenden Sie den Lupen-Ansatz – konzentrieren
  Sie sich während entscheidender Phasen im Markt
  auf Basisindikatoren – bewerten Sie den Augenblick

- Strecken Sie sich nach dem Geld und seien Sie
  aggressiv (Sie werden nie reich, wenn Sie nur ein
  Lot handeln)

Ein Schlusswort

Es gibt so viel über die Märkte zu lernen, sodass die meisten Anfänger ihr Geld verlieren und frustriert aufgeben, bevor Sie erkennen, wie wirklich getradet wird. In gewisser Weise handelt es sich hierbei um eine positive Situation, denn der Verlust des einen bedeutet für jemand anderen einen Marktgewinn. Ich habe keinen Zweifel, dass es in den kommenden Jahren einen beständigen Fluss von schlecht informierten Spekulanten geben wird.

Der Punkt ist, Sie müssen keiner von denen sein. Lernen Sie alles, was Sie lernen können. Halten Sie Ihre Augen offen. Einige der bedeutendsten Vermögen wurden von durchschnittlichen Menschen angehäuft, die mit nichts anfingen.

Ich bin nicht besorgt über veröffentlichte Tradinggeheimnisse, da ich weiß, dass nur wenige diese psychologisch umsetzen können. Erinnern Sie sich, es reicht nicht aus, einfach nur zu wissen, wohin der Markt geht. Sie müssen den Trade auch eingehen können. Und das ist nicht so einfach, wie es scheint.

Lassen Sie mich ihnen einige Anregungen geben, welche Hilfsmittel Sie benötigen um erfolgreich Day Trading zu betreiben.

Software und Daten

Sie brauchen ein Realtime-Datenlieferanten und ein Computerprogramm, das die Daten in einen Chart, Kurven, Notierungen usw. umwandeln kann. Heutige Technologien haben in gewisser Weise das Parkett zum PC-User gebracht. Als Software empfehle ich besonders Omega Research TradeStation (Infos unter www.daytrading.de)

Zuletzt noch: In Ihrer Anstrengung, mehr über die Märkte zu lernen, sollten Sie sich bemühen, dem Rat von jemanden, der tatsächlich handelt, zu folgen. Ich weiss schon, dass das eine Überraschung sein muss, aber viele Buchautoren und genauso die meisten Broker, handeln nicht die Märkte für sich. Es existiert Nachfrage nach Programmierern, Analysten und Menschen, die Konzepte erklären können. Aber wo es um Ihr Geld geht, macht es dann nicht Sinn, auf jemanden zu hören, der tatsächlich handelt? Sie würden niemals einen Doktor, der noch nie operierte, Sie operieren lassen. Warum sollten Sie jemanden, der nie handelte, erlauben, Sie zu beraten. Wie wissen Sie, ob jemand wirklich handelt? Bitten Sie ihm, Ihnen einige Profit und Loss Statements zu schicken. Es ist trotz allem ein ergebnisbezogenes Geschäft.

Es gibt viel zu lernen.
Ich hoffe das Buch hilft. Viel Glück!

Anhang

Indikatoren-Checkliste

Hier haben Sie einen nützlichen Führer, um Marktsignale zu erhalten, bevor sie anderen ebenfalls bekannt sind.

Tageszeit

Zeit (Eastern)	Maßnahmen im Markt
9:30 A.M. – 12:00 Mittag	Ein/Ausstieg aus dem Markt
12:00 Mittag – 2:00 P.M.	kein neuer Einstieg/ Positionen vom Morgen weiter behalten/Ausstieg
2:00 P.M. – 4:00 P.M.	Ein/Ausstieg
4:00 P.M – 4:15 P.M.	nur noch Ausstieg

Aufgeld

Bewertung	Maßnahmen im Markt
Oberhalb des Durchschnitts und steigend	Kauf
Durchschnitt	uneinheitlich
Unterhalb des Durchschnitts und fallend	Verkauf

Volatilität

Zeit (Eastern)	Bewertung	Maßnahmen im Markt
9:30 A.M. – 9:45 A.M.	100+ Punkte	Kauf/Verkauf
9:30 A.M. – 9:45 A.M.	unter 100 Punkte	nichts tun, Bewegung übergehen
2:00 P.M. – 4:00 P.M.	Rally 125+ Punkte	Kauf
2:00 P.M. – 4:00 P.M.	Einbruch von 125+ Punkten	Verkauf

Kassaindex

Bewertung	Maßnahmen im Markt
Fünf aufeinanderfolgende höhere 5-Minuten-Intervalle	Kauf
Fünf aufeinanderfolgende tiefere 5-Minuten-Intervalle	Verkauf
Schwankende höhere und tiefere 5-Minuten-Intervalle	uneinheitlich
Nach 7-10 höheren Werten, zwei tieferen	Verkauf/Ausstieg aus Long
Nach 7-10 tieferen Werten, zwei höheren	Kauf/Ausstieg short

Futures

Bewertung	Maßnahmen im Markt
5-Min-Bar bildet eine Kursspitze nach oben/ schließt am unteren Ende	Verkauf
5-Min-Bar bildet eine Kursspitze nach unten/ schließt im oberen Ende	Kauf
5-Min-Bar durchbricht Bollingerband nach oben	Verkauf
5-Min-Bar durchbricht Bollingerband nach unten	Kauf

Dow

Bewertung	Maßnahmen im Markt
15+ Punkte Rally	Kauf
15+ Punkte Einbruch	Verkauf
weniger als 15 Punkte Rally/Einbruch	uneinheitlich

Bemerkung: Hierbei handelt es sich um sehr allgemeine Beobachtungen. Erst alle zusammen ergeben gute Signale.

Mehr Bücher für mehr Erfolg:
www.finanzverlag.com